Foucault e a teoria queer

SEGUIDO DE
Ágape e êxtase:
orientações pós-seculares

Tamsin Spargo

—

Foucault e a teoria queer

SEGUIDO DE
Ágape e êxtase:
orientações pós-seculares

1ª REIMPRESSÃO

TRADUÇÃO: Heci Regina Candiani
POSFÁCIO: Richard Miskolci

autêntica   ArGos

Copyright © 2017 Tasmin Spargo
Copyright © 2017 Autêntica Editora

Títulos originais: *Foucault and Queer Theory; Agape and Ecstasy: Considering Pos Secular Orientations*

Todos os direitos reservados pela Autêntica Editora. Nenhuma parte desta publicação poderá ser reproduzida, seja por meios mecânicos, eletrônicos, seja via cópia xerográfica, sem a autorização prévia da Editora.

COORDENADOR DA COLEÇÃO ARGOS
Rogério Bettoni

EDITORAS
Cecília Martins
Rafaela Lamas

REVISÃO
Lívia Martins

CAPA
Diogo Droschi (sobre imagem de Yalana/Shutterstock)

DIAGRAMAÇÃO
Waldênia Alvarenga

Dados Internacionais de Catalogação na Publicação (CIP)
(Câmara Brasileira do Livro, SP, Brasil)

Spargo, Tamsin
Foucault e a teoria queer : seguido de *Ágape* e êxtase: orientações pós-seculares / Tamsin Spargo ; tradução Heci Regina Candiani ; posfácio Richard Miskolci. -- 1. ed., 1.reimp. -- Belo Horizonte : Autêntica Editora, 2019. -- (Argos, 2)

Títulos originais: Foucault and Queer Theory ; *Agape* and Ecstasy: Considering Post Secular Orientations
ISBN 978-85-513-0244-6

1. Filosofia 2. Foucault, Michel, 1926-1984 3. Identidade de gênero 4. Identidade sexual 5. Identidade social 6. Sexo - Diferenças 7. Teoria Queer I. Miskolci, Richard. II. Título III. Série.

17-04996   CDD-306.766

Índices para catálogo sistemático:
1. Teoria Queer : Estudo de gênero : Sociologia 306.766

GRUPO **AUTÊNTICA**

Belo Horizonte
Rua Carlos Turner, 420
Silveira . 31140-520
Belo Horizonte . MG
Tel.: (55 31) 3465 4500

São Paulo
Av. Paulista, 2.073, Conjunto Nacional, Horsa I
23º andar . Conj. 2310-2312 .
Cerqueira César . 01311-940 São Paulo . SP
Tel.: (55 11) 3034 4468

www.grupoautentica.com.br

SUMÁRIO

7 | **Foucault e a teoria queer**

55 | *Ágape* **e êxtase: orientações pós-seculares**

83 | **Posfácio** • *Richard Miskolci*
Estranhando Foucault: uma releitura queer de *História da sexualidade I*

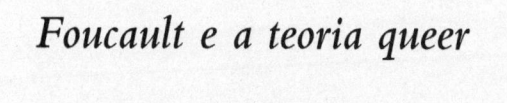

Foucault e a teoria queer

Sexo importa

Há muita coisa queer acontecendo nas universidades nos últimos tempos. Barbie, Shakespeare e até Jane Austen ganharam versões queer. Nas ruas, vemos camisetas do Bart Simpson ostentando um triângulo rosa; e a palavra "queer", que antes era proferida ou sussurrada como insulto, agora é orgulhosamente reivindicada como marca de transgressão por pessoas que antes chamavam a si mesmas de lésbicas ou gays. Mas o que isso significa?

Há alguns anos, o diretor de planejamento do Channel 4 foi descrito como "pornógrafo-chefe" devido ao conteúdo claramente sexual de sua programação. A internet e os canais pornô foram vistos como ameaças que romperiam as defesas da nossa ilha de inocência. Agora, parece que todo mundo está envolvido com "aquilo" ou falando sobre "aquilo". Temos visto documentários e filmes sobre prostituição, "crimes morais" investigados pela polícia e hábitos sexuais de todos os tipos de animais da face da terra. Se um programa tiver apresentadores, a chance é grande de falarem sobre "fazer aquilo". E se você não quiser "fazer aquilo", melhor ficar calado (o celibato já não é mais sensual) ou tentar sexo tântrico – que parece ser a nova mania da Madonna, e ela sabe das coisas.

Na política, a velha equação entre poder e sexualidade ainda parece triunfar tanto sobre os princípios quanto sobre a estética. Embora políticos gays ainda tenham sua sexualidade revelada publicamente,[1] ser gay não parece tão problemático quanto já foi para quem tem ambições de governar. A imprensa noticia repetidas vezes que o clima de "tolerância" é crescente, ao mesmo tempo que o *The Sun* anuncia o fim de editoriais homofóbicos. Apesar de as telenovelas apresentarem personagens gays e lésbicas geralmente muito respeitáveis, o exuberante estilo *camp*[2] de Julian Clary e o travestismo de Eddie Izzard contribuíram para que fizessem sucesso. Parece que somos, no geral, uma sociedade mais aberta, mais tolerante, mais sensual – e que não para de melhorar. Será mesmo? Ou será que a cultura dominante só está flertando com um pedacinho da outra cultura a fim de nos fazer "entrar na linha"?

Embora pareça existir uma definição mais ampla de comportamento sexual aceitável, muitos dos velhos preconceitos continuam vigentes, e novas crises estão sempre surgindo. Cenas de histeria coletiva em torno de condenados ou mesmo suspeitos de pedofilia revelam o lado

---

[1] *"Outing"*, no original, designa a prática de revelar publicamente a identidade de gênero ou a orientação sexual de figuras públicas, sem o consentimento delas. Um dos objetivos do *"outing"* é fazer a pessoa assumir publicamente sua sexualidade, o que reforçaria a luta pela visibilidade das minorias e pelo combate à homofobia. (N.T.)

[2] No texto "Notas sobre *camp*", Susan Sontag (1987) define o *camp* como uma sensibilidade (ao mesmo tempo um olhar sobre o mundo e um conjunto de comportamentos, gostos, tendências de moda, linguagem e estilo artístico). Marcado por excesso, ambiguidade, artifício, humor e teatralidade, o *camp* é frequentemente associado à cultura queer por seu questionamento dos padrões morais e estéticos tradicionais e eruditos. (N.T.)

assustador do poder popular. Freud pode até ter revelado a sexualidade infantil, mas a sociedade do fim do século XX ainda é incapaz de discuti-la racionalmente. Parece haver uma incerteza sobre como lidar com "agressores sexuais". Eles são doentes? Se sim, qual é a cura? Ou são "maus"? O que ou quem eles agridem? A natureza, a lei divina, a sociedade? Em sentido mais amplo, como sabemos o que torna uma prática erótica boa e outra má? Trata-se de uma questão de ordem divina, natureza biológica ou convenção social? Podemos mesmo ter certeza de que nossos próprios desejos e prazeres são – ou de que *nós* somos – normais, naturais, bons? Por que o sexo importa tanto?

Como afirma a antropóloga Gayle Rubin:

> Internamente, a esfera da sexualidade tem uma política própria, desigualdades próprias e modos de opressão próprios. Como outros aspectos do comportamento humano, as formas institucionais concretas de sexualidade, em qualquer época ou lugar, são produtos da ação humana. Estão imbuídas de conflitos de interesse e manobras políticas, tanto deliberadas como fortuitas. Nesse sentido, o sexo é sempre político. Mas há também períodos históricos em que a sexualidade é contestada com maior força e politizada de modo mais evidente. Nesses períodos, a esfera da vida erótica é, de fato, renegociada (1993, p. 4).

Se, ao que tudo indica, estamos vivendo um desses momentos, então uma das maneiras atuais de renegociar a vida erótica é explorar nossos *modos* de entender o sexo. Embora essa exploração possa se dar em inúmeros contextos – nos meios de comunicação, na medicina, no legislativo –, a análise central deste ensaio foi realizada com maior vigor por indivíduos e grupos que vivenciaram os efeitos mais intensos, e às vezes mais mortais, da política do sexo. Assim como as mulheres, primeiro grupo a explorar as diferenças de gênero, as lésbicas, os gays e outros grupos cujas sexualidades são definidas contra a norma da heterossexualidade também têm estado à frente na exploração da política da sexualidade. Ao desafiar nossas concepções mais básicas sobre sexo, gênero e sexualidade – inclusive as oposições entre heterossexual e homossexual, homem e mulher, sexo biológico e gênero como determinação cultural –, esses pensadores têm desenvolvido novas formas de examinar a questão da identidade humana.

Quem é Foucault?

Michel Foucault (1926-1984), filósofo, historiador e ativista, foi um dos mais influentes pensadores cuja obra costuma ser categorizada como pós-estruturalista. Ao lado da crítica da metafísica ocidental de Jacques Derrida e da rearticulação radical da teoria psicanalítica de Jacques Lacan, as várias pesquisas de Foucault sobre o saber e o poder formaram a base, paradoxalmente desestabilizadora, para trabalhos mais recentes sobre a condição do sujeito humano.

Foucault também era gay, e morreu de aids em 1984. Postumamente, sua vida e sua obra foram temas de uma série de ataques que, alegando buscar a "verdade" sobre Foucault, conectava, de modo obsceno e desaprovador, suas supostas preferências e práticas sadomasoquistas a uma leitura (reducionista) da política em seus escritos históricos e filosóficos. A vida e a obra de Foucault, bem como suas conquistas e sua demonização, fizeram dele um modelo poderoso para gays, lésbicas e intelectuais, e sua análise das inter-relações entre saber, poder e sexualidade foi o catalisador intelectual mais importante da teoria queer.

O que é a teoria queer?

Em inglês, o termo "queer" pode ter função de substantivo, adjetivo ou verbo, mas em todos os casos se define em oposição ao "normal" ou à normalização. A teoria queer não é um arcabouço conceitual ou metodológico único ou sistemático, e sim um acervo de engajamentos intelectuais com as relações entre sexo, gênero e desejo sexual. Se a teoria queer é uma escola de pensamento, ela tem uma visão profundamente não ortodoxa de disciplina. O termo descreve uma gama diversificada de práticas e prioridades críticas: interpretações da representação do desejo entre pessoas do mesmo sexo em textos literários, filmes, músicas e imagens; análises das relações de poder sociais e políticas da sexualidade; críticas do sistema sexo-gênero; estudos sobre identificação transexual e transgênero, sobre sadomasoquismo e sobre desejos transgressivos.

Uma genealogia queer

Neste ensaio, considero algumas das formas como a teoria e o pensamento queer se voltam para Foucault e contra ele, à medida que autores e autoras que trabalham numa gama de disciplinas acadêmicas aplicam e desenvolvem suas ideias sobre sexualidade e sociedade. Foucault pode ser visto como catalisador, ponto de partida, exemplo e precursor, mas também como permanente estorvo, pedrinha no caminho que continua provocando a criação de novas ideias. Pensando no aspecto narrativo, apresentarei inevitavelmente uma história linear da obra de Foucault e do desenvolvimento da teoria queer, mas tentarei evitar, sempre que possível, a sedução dos mitos do progresso e da simples causalidade. Foucault não deu origem à teoria queer, tampouco a teoria queer é o destino do pensamento de Foucault. Para usar um de seus termos, este ensaio pode ser visto como uma "genealogia"[3] breve e parcial de um conjunto particular de discursos sobre a sexualidade, culminando (de modo temporário e não exclusivo) no momento queer atual.

Sexo, verdade e discurso

O primeiro volume de *História da sexualidade*, de Michel Foucault, foi escrito nos anos 1970, no final da chamada "revolução sexual" na cultura ocidental. O livro apresentou uma contranarrativa, poderosa e provocante, à consagrada história da repressão sexual na Era Vitoriana, abrindo caminho para a libertação e o esclarecimento progressivos no século XX. Foi o começo do projeto mais ambicioso de Foucault, que ficaria inacabado por ocasião de sua morte.

Nos relatos tradicionais, a sexualidade é vista como um aspecto natural da vida humana, que, a partir do século XVII, foi reprimido na sociedade e na cultura ocidentais, encoberto como se fosse as pernas escondidas dos pianos vitorianos, além de indizível – ou seja, censurado na fala e na escrita. A sexualidade ainda estava lá, cozinhando lentamente sob a superfície puritana da respeitabilidade burguesa do século XIX, mas sufocada por proibições e repressões. Até que ela e nós fomos libertadas na era da minissaia e da psicanálise, revelando pernas e desejos íntimos, colocando tudo para fora. Os problemas continuariam existindo, é claro, e a felicidade e a saúde das pessoas seriam

---

[3] Para explicações sobre esse e outros termos, ver a seção "Ideias-chave" na página 52.

diretamente proporcionais à sua capacidade de exprimir seus desejos sexuais felizes e saudáveis. Mas a ajuda estava ao alcance de quem tinha problemas. Terapeutas, analistas e psicólogos poderiam ajudar a nos reerguer. Um final feliz para a triste história da restrição do potencial humano. Mas essa história, por mais familiar e reconfortante que seja, é verdadeira? Será que a sexualidade sempre esperou que a libertássemos das coerções sociais e que também nos libertássemos junto com ela?

Foucault rejeitou essa "hipótese repressiva" e alegou que, a partir do século XIX, as evidências apontavam não para a proibição de falar sobre a sexualidade, mas para uma notável proliferação dos discursos sobre a sexualidade. Então, o que era, ou é, a sexualidade? Um componente essencial do argumento de Foucault é que a sexualidade não é um aspecto ou fato natural da vida humana, mas uma categoria da experiência que foi construída e que tem origens históricas, sociais e culturais, mas não biológicas. Essa concepção da sexualidade é difícil de assimilar, parece contraintuitiva. A sexualidade, assim como o gênero, parece simplesmente estar *aí*, mas também parece ser especial, pessoal, uma questão relativa a nossos "desejos profundos" – quem queremos, o que queremos, como queremos. É algo dentro de nós, uma propriedade, *nossa* propriedade. Por outro lado, tanto investimento na crença de que a sexualidade é natural não significa que ela seja.

Isso não quer dizer que Foucault descartasse qualquer dimensão biológica, mas sim que priorizava o papel das instituições e dos discursos na construção da sexualidade. Como observa David Halperin, autor de *Saint Foucault: Towards a Gay Hagiography*, Foucault não comentou explicitamente sobre as origens do desejo por pessoas do mesmo sexo. Quando questionado sobre a distinção entre predisposição inata à homossexualidade e condicionamento social, sua resposta foi: "Sobre essa questão, eu não tenho absolutamente nada a dizer. 'Sem comentários'" (HALPERIN, 1995, p. 4). Em vez de perseguir uma "verdade" ilusória da sexualidade humana, Foucault começou a examinar sua produção. Ele estava mais interessado em como a "sexualidade" funciona na sociedade do que em saber o que ela é.

Scientia sexualis

Enquanto psicanalistas encorajavam seus pacientes a explorar os segredos sexuais que poderiam conter a chave de sua saúde mental e emocional, Foucault se dedicava a investigar como a psicanálise (entre muitos outros discursos) nos encoraja, ou mais apropriadamente nos incita, a *produzir* um saber sobre nossa sexualidade que é, ela mesma, cultural, e não natural, e que contribui para a manutenção de relações específicas de poder.

A psicanálise pode ser vista como a última de uma série de práticas discursivas que não buscou silenciar ou reprimir a sexualidade, e sim fazer com que as pessoas falassem sobre ela (logo, sobre si mesmas) de modo particular. A *"scientia sexualis"* do Ocidente, como Foucault a chamava (em contraste com a *"ars erotica"* da cultura de países como China, Japão e Índia, e do Império Romano, cuja base era a multiplicação dos prazeres), obstinava-se em encontrar a (vergonhosa) verdade sobre a sexualidade e, para isso, utilizava o processo de *confissão* como método-chave. Partindo da confissão cristã, passando pelas práticas médica, jurídica, pedagógica e familiar, até chegar à ciência contemporânea da psicanálise, é possível traçar uma história de homens e mulheres, meninos e meninas, a sondar seus desejos, emoções e pensamentos, tanto os que passaram quanto os ainda existentes, e a falar deles com alguém. Contar pecados ao padre, descrever sintomas ao médico, submeter-se à cura pela fala: confessar pecados, confessar doenças, confessar crimes, confessar a verdade. E a verdade era sexual.

Em todos esses cenários confessionais, quem fala produz uma narrativa sobre a própria sexualidade que é interpretada por uma figura de autoridade. A "verdade" revelada nesse processo, claro, não é descoberta, mas produzida. Ela existe como um saber no interior de um discurso particular e está ligada a um poder. Como em toda a obra de Foucault, o poder é entendido como uma questão de relações complexas, e não como característica inerente a um indivíduo ou a uma classe específicos. Desse modo, perguntava Foucault, o que esteve em jogo na construção da sexualidade em diferentes momentos históricos? Como o poder circulava pela produção do saber sobre sexo?

Foucault argumentava que, do século XVIII em diante, a sexualidade era considerada algo a ser regulado e administrado em vez de julgado. A Igreja e o Direito se preocupavam havia muito tempo com a regulação da sexualidade, mas durante o Iluminismo surgiram novos regimes governamentais centrados no indivíduo corporificado e sexual. Versões modificadas e seculares da confissão estavam no cerne de várias técnicas para internalizar as normas sociais. Foi nesse contexto que muitas formas de compreender a sexualidade começaram a ser formuladas, e continuam predominantes até hoje, incluindo a oposição entre homossexualidade e heterossexualidade.

A construção da homossexualidade

Uma das afirmações mais provocativas de Foucault, e que certamente serviu de catalisador para o desenvolvimento da teoria queer, foi a de que a origem da homossexualidade moderna é relativamente recente. Muitos historiadores e historiadoras da homossexualidade tendem a traçar conexões e continuidades entre comportamentos e identidades homossexuais do século XX e de períodos anteriores. Foucault, por sua vez, insistiu que a categoria do homossexual surgiu de um contexto específico nos anos 1870 e que, como a sexualidade em geral, deve ser vista como categoria *construída* do saber, e não como identidade *descoberta*.

Foucault não sugeriu que as relações sexuais entre pessoas do mesmo sexo não existiam antes do século XIX. No período da Renascença, por exemplo, práticas sexuais como a sodomia eram condenadas pela Igreja e proibidas por lei, tanto entre dois homens quanto entre homem e mulher. Mas a diferença crucial entre essa forma antiga de regulação das práticas sexuais e aquela do fim do século XIX está na pretensão desta última de identificar o que Foucault chamou de "espécie", um tipo de ser humano anômalo definido por uma sexualidade perversa. Assim, enquanto homens e mulheres do século XVI podiam ser conclamados a confessar que haviam cedido a práticas sexuais vergonhosas e contrárias às leis de Deus e da terra, o homem do fim do século XIX que se envolvesse em uma relação sexual com outro homem era visto como "homossexual" e encorajado a se ver como tal.

Junto com outros tipos de sujeitos (incluindo mulheres, crianças e classes trabalhadoras) cuja sexualidade era tema de interesse ou preocupação para a ciência médica do século XIX, o "homossexual" se tornou o centro de uma série de estudos e estratégias. Essas "tecnologias do sexo" eram concebidas para preservar e estimular uma população (ou força de trabalho) produtiva e procriadora que atendesse às necessidades do sistema capitalista em desenvolvimento. A unidade-chave dessa ordem social era a família burguesa, na qual seria gerada a futura força de trabalho. Disso resultou, por exemplo, o interesse sem precedentes pelo "problema" da masturbação infantil e a proliferação de textos e estratégias para o controle do comportamento sexual das crianças. Nesse esquema reprodutivo, o desejo por pessoas do mesmo sexo e as práticas sexuais entre pessoas do mesmo sexo eram problemas que precisavam ser enfrentados, aberrações em relação à norma da procriação.

O homossexual era discutido e subjugado pela investigação sistemática em uma ampla gama de campos discursivos, incluindo demografia, educação e direito, cuja preocupação era proteger a saúde e a pureza da população. No século XVI, homens ou mulheres que confessassem a prática da sodomia podiam ser convencidos da pecaminosidade de seus atos; no caso dos homossexuais no século XIX, em contrapartida, a ênfase não estava nas ações, mas sim na condição "cientificamente" *determinada* do indivíduo. Nas palavras de Foucault: "A homossexualidade apareceu como uma das figuras da sexualidade quando foi transferida da prática da sodomia para uma espécie de androgenia interior, um hermafroditismo da alma. O sodomita era um reincidente, agora o homossexual é uma espécie" (FOUCAULT, 2014, p. 48). E o homossexual era visto como totalmente imbuído de sexualidade: "Ela está presente nele todo, subjacente a todas as suas condutas" (p. 48).

Poder e resistência

Os aspectos negativos da construção da homossexualidade no fim do século XIX e no início do século XX são óbvios. O fato de a posição ou identidade do sujeito ser construída não a torna menos real para o identificado. O homossexual foi transformado na figura patológica do perverso ou anormal, um caso de desenvolvimento interrompido, um caso que precisa de tratamento – em resumo, uma aberração da norma heterossexual. Como tal, ele estava sujeito à disciplina, à marginalização e aos efeitos subordinadores do controle social. Foucault tem sido criticado por adotar um modelo de poder considerado conservador, mas, na verdade, para ele, o poder está sempre produzindo a resistência e jamais a restringindo por completo: "Não há relações de poder sem resistências; estas são tão mais reais e eficazes quanto mais se formem ali mesmo onde se exercem as relações de poder; a resistência ao poder não tem que vir de fora para ser real, mas ela não é pega na armadilha porque é a compatriota do poder" (FOUCAULT, 2006, p. 249).

Um aspecto decisivo da análise de Foucault é a ênfase na produção do que ele chama de "discurso reverso"[4]:

> Ora, o aparecimento, no século XIX, na psiquiatria, na jurisprudência e na própria literatura, de toda uma série de discursos sobre as espécies e subespécies

---

[4] "Discurso reverso" traduz de forma direta a expressão "*reverse discourse*" usada pela autora, de acordo com a tradução inglesa de *Histoire de la sexualité*. No Brasil, no entanto, consagrou-se o uso de "discurso 'de reação'" graças à única tradução da obra publicada no país (em 1988 pela Graal, seguida de 19 edições, e republicada em 2014 pela Paz e Terra). Vale notar, no entanto, em consonância com os estudos atuais, que esse discurso não diz tanto de algo "reverso" (que volta ou retorna), tampouco de algo "reativo" (que não

de homossexualidade, inversão, pederastia e "hermafroditismo psíquico" permitiu, certamente, um avanço bem marcado dos controles sociais nessa região de "perversidade"; mas também possibilitou a constituição de um discurso "de reação": a homossexualidade pôs-se a falar por si mesma, a reivindicar sua legitimidade ou sua "naturalidade" e muitas vezes dentro do vocabulário e com as categorias pelas quais era desqualificada do ponto de vista médico (FOUCAULT, 2014, p. 111).

É possível enxergar nesse modelo de discurso reverso a origem das políticas identitárias. As pessoas que são expostas como sujeitos aberrantes, "homossexuais", podem encontrar uma causa comum, uma voz dissidente comum que transforme confissão em afirmação. O discurso da sexologia, por exemplo, produziu a categoria identitária do "invertido" como aberração da norma, mas também permitiu que o indivíduo questionasse sua posição política e social. Ele produziu um vocabulário e um saber que poderiam ser usados estrategicamente pelos sujeitos. Alguns trabalhos das duas últimas décadas do século XX nos mostraram que houve várias tentativas explícitas de reempregar o saber e a retórica da inversão e da homossexualidade para apelar pela descriminalização no final do século XIX.

Porém, a análise que Foucault (2014, p. 50) faz das "perpétuas espirais de poder e prazer" produzidas nos discursos da sexualidade não pode ser reduzida à oposição

---

necessariamente implica inversão) – a expressão usada por Foucault é mais suave, *"en retour"*, um discurso que se oferece de volta, como troca, ação recíproca, devolução; ou melhor, um discurso "em retribuição", como o *"talking back"*, de Judith Butler, em que a afirmação positiva da identidade surge como resposta a um discurso pejorativo e opressor. (N.E.)

binária entre discurso e discurso reverso. O "mosaico sexual" da sociedade moderna é uma rede dinâmica na qual a otimização do poder é realizada com a multiplicação dos prazeres e por meio dela, não por sua proibição ou restrição (p. 72). É difícil enxergar o poder em termos que não os tradicionais, como uma força negativa que age sobre indivíduos ou grupos; mas a análise de Foucault, mais sutil, da condição do poder como uma relação ao mesmo tempo de vigilância e de produção exige que pensemos além da lógica política convencional de dominação e resistência. As relações de poder não podem ser simplesmente destruídas ou invertidas.

Diversos críticos observaram que Foucault termina o primeiro volume de *História da sexualidade* com a invocação de uma "economia dos corpos e dos prazeres" que seja diferente no futuro, não sujeita à "austera monarquia do sexo" (FOUCAULT, 2014, p. 174). Algumas pessoas interpretaram isso como um momento utópico. Mas se é um ato de imaginação, não há motivos para supor que o futuro seria um avanço. No segundo e no terceiro volume, *O uso dos prazeres* e *O cuidado de si*, Foucault analisou abordagens do sexo em formações éticas e sociais antigas contrastantes às da modernidade ocidental. Ele se concentrou nas "técnicas de si" gregas e romanas e em sua interseção com os antigos processos cristãos de "cuidado de si". Por meio dessas práticas disciplinares, os indivíduos tentavam se transformar a fim de alcançar estados específicos de alegria, pureza, sabedoria, perfeição ou imortalidade. Na cultura greco-romana, o desejo e as práticas sexuais eram vistos como preocupações éticas ou morais; posteriormente, no entanto, eles se tornaram a verdade máxima – vergonhosa ou reprimida –

da experiência humana. O ponto crucial é que a ética era vista como uma relação do indivíduo consigo mesmo, e não como o fundamento de padrões ou normas de comportamento; a disciplina, por sua vez, era vista como parte de uma prática que visava a alcançar a liberdade ou a autonomia individuais, em vez de subordinar o outro. Ainda que as sociedades grega e romana se diferenciassem uma da outra – esta última colocando maior ênfase na heterossexualidade e no casamento –, foi a cultura cristã que efetivamente rompeu com todo o modelo ético do mundo clássico. O cristianismo, de acordo com Foucault, desenvolveu códigos e interdições morais universais cada vez mais centrados na *verdade do sexo*. Embora a cultura romana possa ter considerado o desejo como potencialmente nocivo, a cristã o concebia como intrinsecamente mau.

Em determinados momentos, o tom da escrita de Foucault parece aprobativo em relação à cultura não normativa da Grécia Antiga, mas ele se recusou, de maneira enfática, a apresentá-la como alternativa à sociedade contemporânea. As restrições que definiam quem era considerado indivíduo dentro da esfera ética – os homens livres, não as mulheres e os escravos – e as relações de poder desiguais, como aquelas entre quem penetra e quem é penetrado, revelavam formas de dominação persistentes que não poderiam ser descritas como resultado do domínio de si.

Embora alguns críticos tenham recorrido recentemente a esses estudos posteriores a fim de investigar as possibilidades de práticas éticas e sexuais não normativas, o principal catalisador para o início da teoria queer foi o modelo geral da construção discursiva das sexualidades elaborado por Foucault.

Reações a Foucault

Foucault não foi o primeiro a afirmar que a sexualidade é construída socialmente, mas é inegável que, a partir dos anos 1980, sua obra teve maior impacto e influência no avanço de estudos sobre gays e lésbicas, bem como nos estudos culturais da sexualidade. Muitos aspectos da narrativa foucaultiana têm sido revisados, modificados e contestados: historiadores têm oferecido análises mais atenciosas sobre as relações entre pessoas do mesmo sexo e as categorias relacionadas à identidade que apareceram no início da Era Moderna; as taxonomias da inversão e da homossexualidade do século XIX têm sido diferenciadas com maior precisão. A abordagem geral de Foucault também tem sido alvo de críticas, particularmente o eurocentrismo de seu enfoque histórico e a atenção dada à história da sexualidade masculina.

As ideias de Foucault claramente prepararam o terreno para uma nova abordagem do conhecimento sobre a relação entre sexo, sexualidade e poder. Mas não existe trabalho intelectual isolado de um contexto cultural mais amplo, e pode-se dizer que, tanto quanto o modelo analítico de Foucault, a política da diferença sexual dos anos 1970 e 1980 integrou a experiência que levou ao desenvolvimento da teoria queer. A história do ativismo durante esse período também fornece exemplos concretos das operações de poder identificadas por Foucault.

Foucault + ? = teoria queer?

Nos anos 1970, quando Foucault estava escrevendo *História da sexualidade*, o termo "homossexual" ainda era empregado nos discursos médico e jurídico, mas as pessoas se definiam cada vez mais como "lésbicas" ou "gays". O termo "gay", usado no século XIX para designar mulheres de reputação duvidosa, foi adotado como alternativa a "homossexual" nos anos 1960, para o horror de algumas pessoas, que lamentaram a corruptela de uma palavra "inocente".[5] Eis a diferença mais evidente entre "gay"/"lésbica" e categorias anteriores: em vez de serem colocados numa posição passiva de objetos do saber, os sujeitos identificados como lésbicas ou gays estavam visivelmente escolhendo ou reivindicando uma posição. Ser gay ou lésbica era uma questão de orgulho, não de patologia; uma questão de resistência, não de discrição. Assim como a libertação das mulheres desafiou as concepções dominantes da condição da mulher como ser inferior, passivo, secundário, a libertação gay contestou a representação do desejo e das relações entre pessoas do mesmo sexo como algo não natural, aberrante ou incompleto.

Em meados dos anos 1970, o objetivo desse movimento era transformar o sistema social visto como causa da opressão. Assim como algumas feministas criticavam instituições como casamento e família por sustentarem a opressão das mulheres, o movimento de libertação gay também reivindicava uma mudança social radical, até mesmo revolucionária. Os dois movimentos tinham afiliações sólidas, embora de modo algum universais, com a política de esquerda, e na academia se alinhavam com abordagens marxistas, socialistas e feministas.

Mas, no fim dos anos 1970, o modelo de libertação através da transformação do sistema deu espaço a uma

---

[5] Em inglês, o sentido original do adjetivo *gay* é "alegre", "jovial", "bem-humorado", "divertido". (N.E.)

concepção diferente da política gay e lésbica, que tinha mais pontos em comum com o que se chama de "modelo étnico". Assim, apresentava gays e lésbicas como um grupo minoritário singular, igual, mas diferente, e dedicava-se a conquistar direitos e proteção legal na ordem existente. As conquistas dessa abordagem foram consideráveis, e seu modelo básico continua influente ainda hoje. Além de realizar campanhas por justiça e direitos iguais, grupos como o Campaign for Homosexual Equality,[6] na Grã-Bretanha, e o Gay Activists Alliance,[7] nos Estados Unidos, lutavam ativamente para promover uma imagem positiva da identidade gay. Isso envolvia a crítica a imagens homofóbicas e negativas difundidas na mídia, incluindo os populares estereótipos *camp* das séries de TV que eram vistos como prejudiciais (*queerizantes?*) à imagem de gays e lésbicas. A promoção de imagens e narrativas de autoestima, prazer e estilo pode ter ampliado as perspectivas de grupos ou indivíduos cuja imagem positiva conformava-se à cultura heteronormativa predominante. Também poderíamos dizer que as campanhas e alianças construíam uma comunidade, oferecendo a gays e lésbicas uma cultura para chamarem de sua.

Obviamente, para entrar nessa cultura, antes era preciso "sair do armário". Para as lésbicas e os gays, estar dentro

---

[6] Grupo fundado no Reino Unido em 1964 para promover, através de diversas atividades, a igualdade jurídica e social de lésbicas, gays e bissexuais. Continua atuante ainda hoje. (N.T.)

[7] Aliança fundada em 1969, em Nova York, motivada pela violência e perseguição policial contra gays, especialmente pela incursão da polícia no bar Stonewall em 28 de junho de 1969. Seu objetivo era se tornar uma organização politicamente neutra e voltada apenas para garantir direitos humanos, dignidade e liberdade para toda a população homossexual. Manteve-se em atividade até 1981. (N.T.)

ou fora "do armário" passou a ser uma marca crucial de sua política sexual. Sair do armário evocava emergir do confinamento e do ocultamento para o espaço público, partir da clandestinidade para a afirmação pública. Ora, então homens e mulheres visivelmente queer estavam dentro ou fora do armário? E quanto às pessoas que não se encaixavam nessa imagem, que não se sentiam confortáveis no mundo positivo, confiante e socialmente ascendente da cultura e da política assimilacionistas? E quanto aos atos, prazeres e identificações que, dentro da comunidade gay, causaram dissidência e conflito em vez de criar oportunidades para uma autoafirmação coletiva satisfatória? Bissexualidade, transexualidade, sadomasoquismo e identificação transgênero, tudo isso desafiava implicitamente o ideal inclusivo da política assimilacionista. A incompatibilidade pode ser parcialmente interpretada em termos de respeitabilidade. Se você quer viver em condição de igualdade num mundo heteronormativo demonstrando o quanto você é comum e "igual a todo mundo" (talvez um pouco mais sensível e artístico), será inútil ostentar suas relações ou desejos mais excessivos e transgressores.

Durante os anos 1980, exemplos da experiência gay e lésbica divulgados em campanhas políticas foram criticados por privilegiar os valores da classe média branca. As tensões entre gêneros e entre os imperativos de gênero e sexualidade também provocaram discussões acaloradas e revelaram a fragilidade do modelo comunitário da política gay e lésbica. Ao longo da história da libertação gay, algumas lésbicas criticaram o masculinismo da cultura gay dominante. Uma corrente do feminismo lésbico desenvolveu um modelo de lesbianismo, baseado na identificação entre as mulheres, que colocava a motivação política acima do desejo sexual. Depois de mais uma virada, entretanto, outras lésbicas, incluindo feministas, sentiram que essa versão dessexualizada do desejo entre pessoas do mesmo sexo as excluía e endossava implicitamente uma noção de que as mulheres são desprovidas de poder sexual. As divergências culminaram no que é chamado de "guerra dos sexos", em que lésbicas sadomasoquistas, mulheres em relacionamentos *butch-fem*[8] e feministas anticensura[9] contestaram em alto e bom som a ideia de uma sororidade lésbica harmoniosa. Embora a concepção dominante de identidade gay masculina reconheça práticas sexuais diversas, incluindo sexo não monogâmico e grupal, algumas pessoas enxergam nela a defesa de um ideal restrito e respeitável de relacionamento sério. Assim, enquanto a política gay e lésbica ganhava espaço considerável promovendo mais aceitação e se aproximando da igualdade, o ideal de identidade coletiva era desmantelado pelas diferenças internas.

Crise de identidade

Numa visão retrospectiva e auxiliados pela análise foucaultiana, podemos dizer que a cisão no mito de uma identidade gay e/ou lésbica unificada e unificante resulta não só das diferenças de prioridades pessoais e políticas, mas de uma política baseada na identidade. Ainda que possam

---

[8] *Grosso modo*, o termo *butch* se refere às mulheres que se identificam com padrões de comportamento que, na sociedade heteronormativa, são considerados masculinizados; *femme*, às que se identificam com padrões mais femininos. (N.T.)

[9] As feministas anticensura (ou feministas pró-sexo ou pró-pornografia) acreditam ser possível uma pornografia feita por mulheres e para mulheres que não reforce a objetificação do corpo feminino. (N.T.)

ser vistas como construções sociais em vez de inatas, as identidades gay e lésbica representam inevitavelmente tanto restrições quanto possibilidades. A característica central que as definia era a "escolha do objeto", a preferência por relações sexuais com pessoas do mesmo gênero. Talvez essa pareça a marca nítida da identidade gay e lésbica, mas, como mostra Foucault em *História da sexualidade*, essa escolha do objeto nem sempre foi a base de uma identidade; além disso, como sugeriram muitas vozes dissonantes, ela não era o fator determinante e crucial da percepção de cada um sobre a própria sexualidade. Com efeito, esse modelo fez com que a identidade bissexual fosse enxergada como menos segura ou desenvolvida (assim como modelos essencialistas de gênero fazem de transexuais sujeitos incompletos), e excluiu grupos que definiam sua sexualidade por meio de práticas e prazeres em vez de preferências de gênero, como os sadomasoquistas.

Com o surgimento da aids, essa coletividade já cindida se viu diante de um novo conjunto de pressões. Os discursos populares que deturpavam a aids como doença típica dos gays contribuíram para uma renovação da homofobia e tornaram necessária uma revisão das estratégias assimilacionistas. A aceitação muito rapidamente se revelou como tolerância, que não demorou a se tornar intolerância. Isso, por sua vez, levou a política gay e lésbica a um radicalismo renovado, porém descentralizado. Formaram-se novas coalizões entre homens e mulheres, não baseadas na identidade essencial, mas sim no compromisso comum de se opor às representações que custavam a vida de quem tinha aids.

No que se refere ao pensamento sobre sexo e sexualidade, talvez o mais curioso, à luz da *História da sexualidade*, tenha sido isto: o impacto provocado pela educação sexual levou a uma ênfase renovada nas práticas, e não nas identidades. A questão central era o que se fazia, não o que se era.

No desenvolvimento dessas novas estratégias políticas, boa parte da crítica percebeu sinais das formas de resistência às forças sociais opressivas e normalizadoras, as quais Foucault identificara como projetos mais convincentes do que revolucionários. Entre os grupos formados durante esse período estava o ACT UP,[10] que organizou protestos relativos às políticas públicas e à retórica da aids, invadindo a bolsa de valores de Nova York, bloqueando a ponte Golden Gate e interrompendo os noticiários da CBS. A estratégia do ACT UP era resistir aos efeitos do poder e do saber manifestados nas instituições médicas, nos recursos de assistência social, nas companhias de seguros e em vários outros contextos. O grupo foi descrito pelo teórico queer David Halperin como a materialização política mais original, inteligente e criativa da reconceituação estratégica de Foucault das ideias de sexo, saber e poder (HALPERIN, 1995, p. 122).

Muitas pessoas sentiram que a experiência da epidemia da aids abalou o entendimento que elas tinham do saber e da identidade, revelando que as duas coisas estavam inextricavelmente ligadas à atuação do poder. O impacto da aids sobre o entendimento convencional do que é a subjetividade e a sexualidade pode ser considerado similar ao impacto do Holocausto e da bomba atômica sobre os ideais progressistas do iluminismo. Depois do fato, nada poderia ser como antes. Foi nesse contexto do ativismo relacionado à aids e da

---

[10] Sigla de "AIDS Coalition to Unleash Power". Literalmente, *"act up"* significa "comportar-se mal". (N.T.)

rejeição às estratégias assimilacionistas que o termo "queer" foi empregado em seu sentido atual, tanto na cultura popular como na teoria. Influenciado pelo ACT UP e por outras estratégias de ativismo, outro grupo formado em Nova York em 1990 indicou, no nome e na retórica, a reapropriação de um termo que, até então, estava predominantemente vinculado à homofobia e ao preconceito.

"We're here, we are queer, get used to it."[11]

O Queer Nation e grupos afiliados como o Pink Panthers[12] organizaram patrulhas de rua para conter as agressões contra gays, homenagearam vítimas da violência homofóbica com campanhas de arte de rua e promoveram atos de conscientização contra a homofobia em bares voltados para o público heterossexual. Também organizaram campanhas midiáticas e artísticas contestando o imaginário e a propaganda homofóbica e de direita. A palavra "queer" estava no centro da retórica e das estratégias de representação desses grupos, a gíria usada principalmente nos discursos homofóbicos, mas também por alguns homossexuais que prefeririam usar o termo em vez de "gay" ou "lésbica".

Embora o radicalismo do Queer Nation tenha sido criticado – quando comparado a outros como o ACT UP, em parte devido ao problemático conceito de "nação" –, sua

---

[11] "Estamos aqui, somos queer, acostume-se." (N.T.)

[12] O Queer Nation – formado em março de 1990, em Nova York, e ativo até hoje – é conhecido por suas táticas de confronto e pela prática do *outing* (ver nota 1). O Pink Panthers Patrol, fundado em 1990 por membros do Queer Nation, interrompeu suas atividades em 1991 depois de ser processado pela MGM, que detinha os direitos de uso do nome "Pink Panther" – a Pantera Cor-de-Rosa. (N.T.)

celebração de uma palavra que soava publicamente como insulto estava ligada ao que algumas pessoas viam como uma diferença real na atitude de algumas lésbicas e gays nos Estados Unidos (e na Grã-Bretanha) para com suas identidades e posições sociais, culturais e políticas. Alguns críticos consideram essa diferença uma questão de idade, outros de classe ou de atitude para com a sociedade convencional. Qualquer que seja o catalisador, algumas pessoas que achavam as identidades "gay" e "lésbica" inadequadas ou restritivas encontraram no "queer" uma posição com a qual se identificar. Na cultura popular, "queer" significava mais sexy, mais transgressor, uma manifestação intencional de diferença que não deseja ser assimilada nem tolerada. Essa diferença tinha a intenção de perturbar o *status quo*, de questionar por que partimos do princípio de que Bart Simpson é hétero.

É relativamente fácil analisar, em termos foucaultianos, a mudança no uso dos termos que representam as identidades predominantes – de "homossexual" para "gay" e "lésbica", e daí para "queer" – e ver como cada uma apresentava, tanto para os indivíduos quanto para a ação política, possibilidades e problemas decorrentes da relação com os discursos e saberes dominantes. As categorias sucederam uma à outra, embora a história linear oculte algumas sobreposições significativas. As narrativas tradicionais da história da homossexualidade tendem a reduzir a importância de aspectos do passado que não se encaixam no modelo que aponta um avanço da repressão rumo à libertação, caso de subculturas queer como comunidades lésbicas *butch-fem* dos anos 1950. Essas subculturas, que precederam a identidade gay, têm mais aspectos em comum com a atual cultura queer. Mas se considerarmos o "queer" primeiramente como a base para uma nova política identitária, então também haverá exclusões e restrições; o mal-estar com que muitas pessoas encaram a perspectiva de se identificarem como queer reflete isso.

Queerizando a teoria

Ainda que, na acepção popular, "queer" seja usado efetivamente como uma categoria de identidade adicional ou alternativa, não podemos entender a teoria queer simplesmente como uma corroboração acadêmica do atual momento cultural. O desencanto de teóricos queer com alguns aspectos da política gay e lésbica não é apenas uma rejeição da normatividade dessas categorias específicas; antes, ele deriva de uma compreensão diferente do que é identidade e poder. Se a cultura queer reivindica o termo "queer" como adjetivo que se diferencia da relativa respeitabilidade de "gay" e "lésbica", então podemos dizer que a teoria queer utiliza o termo "queer" como verbo que põe em dúvida as pressuposições sobre ser e agir de modo sexual e sexuado. Em teoria, queer está incessantemente em desacordo com o normal, a norma, seja a heterossexualidade dominante ou a identidade gay/lésbica. É categoricamente excêntrico, a-normal.

A teoria queer emprega várias ideias da teoria pós-estruturalista, entre elas os modelos psicanalíticos de identidade descentrada e instável de Jacques Lacan, a desconstrução de estruturas conceituais e linguísticas binárias de Jacques Derrida e, claro, o modelo de discurso, saber e poder de Foucault. Como seria de esperar, a teoria queer não tem origem em um momento isolado, mas, retrospectivamente, costuma-se dizer que seu início se cristalizou a partir de uma série de conferências acadêmicas que, nos Estados Unidos, no fim dos anos 1980, abordaram a relação de questões gays e lésbicas com as teorias pós-estruturalistas. Os estudos que, em conjunto, são chamados de teoria queer situam-se predominantemente no campo das humanidades, na história, nos estudos literários e culturais e na filosofia, embora os temas incluam o discurso científico, o jurídico e outros. Seus autores costumam compartilhar o interesse comum na política de representação, e uma formação na análise da cultura escrita e visual, desde literatura e filmes até discursos políticos. Muitos trabalharam, e ainda trabalham, em programas de pesquisa sobre gays e lésbicas cujo número cresceu rapidamente com o aumento da influência da teoria queer.

A relação entre a teoria queer e os estudos sobre gays e lésbicas é complexa. Alguns autores e professores se deslocam entre um campo e outro ou adotam este ou aquele termo para designar o próprio trabalho de acordo com o que parece estrategicamente adequado, da mesma forma que as identidades gay, lésbica ou queer podem parecer mais adequadas em alguns contextos do que em outros. No entanto, alguns acreditam que a teoria queer, de certo modo, encoraja as pessoas a negligenciar ou a rejeitar o trabalho crítico ou teórico sobre gays e lésbicas, do mesmo modo que, para eles, a ênfase em Foucault ofuscava obras similares de historiadores menos prestigiados. Muitos acadêmicos, como Foucault, estão envolvidos em diferentes formas de ativismo político, e talvez seja melhor entender a relação entre a teoria queer e os estudos sobre gays e lésbicas, em termos foucaultianos, como parte de uma rede dinâmica de campos do saber e da prática discursiva que são diferentes, mas sobrepostos em alguns pontos.

Foucault queer

Alguns estudos queer dão continuidade ao projeto de Foucault ao investigarem as diversas formações das diferentes identidades sexuais, no passado e no presente. Exemplos importantes são os estudos de David Halperin sobre a sexualidade na Grécia Antiga e sobre a obra do próprio Foucault; o estudo em andamento de Gayle Rubin sobre a comunidade gay masculina *leather*[13] em São Francisco, e o trabalho de Martha Vicinus sobre as identidades lésbicas. A teoria queer dá suporte a obras como as de Cindy Patton e Simon Watney, entre outras, sobre discursos e construções homofóbicas. Muitos estudos queer se concentram nas relações entre as sexualidades gay, lésbica e dissidente e a produção cultural. Entre as pessoas que atuam nesse campo estão Joseph Bristow, Ed Cohen, Jonathan Dollimore, Lee Edelman, Alan Sinfield e Yvonne Yarboro-Bejarano. O número de textos e de autores e autoras queer cresceu acentuadamente ao longo dos anos 1990, assim como cursos universitários sobre a teoria queer.

Pela atenção dada ao funcionamento de formações culturais e relações de poder específicas, os estudos mais localizados podem ser vistos como o ramo mais foucaultiano da teoria queer. Mas, sem querer minimizar a importância dessas investigações, vou me concentrar, no que resta deste

---

[13] *Leather* (literalmente, "couro") é a palavra utilizada para nomear uma subcultura de atividades sexuais e eróticas em que as roupas feitas em couro e peles têm caráter de fetiche e evocam o poder sexual, a rebeldia e certa atração pelo perigo e pelo risco, muitas vezes representados pelas motocicletas. A subcultura *leather* é mais frequentemente associada a homens gays, mas também se associa a lésbicas, BDSM e heterossexuais. (N.T.)

ensaio, em alguns dos estudos que levaram as ideias de Foucault a uma série de confrontos com outros modelos teóricos e filosóficos, a fim de explorar as normas e os processos de normatização que sustentam o atual sistema sexual.

Um dos primeiros temas explorados pela teoria queer foi a oposição entre heterossexualidade e homossexualidade, presente no centro conceitual dos discursos tradicionais tanto homofóbicos quanto anti-homofóbicos.

Heterossexualidade *versus* homossexualidade

Se a homossexualidade é um produto da cultura, como Foucault afirmava, então o que é a heterossexualidade? E por que esta é vista como a sexualidade natural, normal? Por que a sociedade ocidental é governada pelo que a teoria queer chama de "heteronormatividade"? A reprodução humana pode exigir a colaboração do espermatozoide e do óvulo do homem e da mulher, mas, como Foucault argumentava, a sexualidade é um produto cultural que não pode ser considerado como simples extensão de um processo biológico. Da mesma forma que a homossexualidade, que é uma categoria cultural específica, a heterossexualidade deve ter uma história a ser analisada. E podemos até dizer que essa análise é uma necessidade política: qual o propósito e quais os riscos de aceitar que uma identidade homossexual natural e unificada não existe quando a suposição de uma heterossexualidade natural é indiscutível?

Os estudos queer a respeito dessa oposição combinam a história da sexualidade foucaultiana com a análise textual desconstrucionista. Na introdução de sua coletânea de ensaios intitulada *Inside/Out: Lesbian Theories, Gay Theories* (1991), Diana Fuss aplica a noção de "suplemento" de Jacques

Derrida à análise da oposição heterossexual/homossexual. O suplemento (aqui, o homossexual) é o que parece ser um *acréscimo* a um termo aparentemente original, mas do qual, na verdade, o suposto original (heterossexual) depende. Desse modo, a heterossexualidade pode ser vista como um produto da homossexualidade ou, mais exatamente, do mesmo arcabouço conceitual. Mas como a homossexualidade passou a ser vista como o componente inferior do que deveria ser uma oposição entre iguais? Nenhuma oposição existe em isolamento esplêndido – todas elas atuam em relação com as demais. Por exemplo, a oposição tradicional entre masculino e feminino, mutuamente dependente, porém antagônica, assumiu sua estrutura hierárquica por meio da associação com outras oposições: racional e emocional, forte e fraco, ativo e passivo, etc. De modo semelhante, a oposição entre heterossexual e homossexual está presa numa rede de oposições auxiliares.

Como exemplo, Fuss investigou a interdependência entre heterossexual/homossexual e a oposição análoga dentro/fora em culturas dominantes e antagônicas. Além da óbvia divisão em que heterossexuais estão dentro e homossexuais estão fora da sociedade convencional, podemos descrever esse movimento dialético na retórica do "sair do armário", o que sugere limitações como projeto libertário. Declarar-se *fora* do armário da sexualidade escondida pode ser pessoalmente libertador, mas implica reconhecer a centralidade da heterossexualidade, bem como reforçar a marginalidade daquelas pessoas que ainda estão *dentro* do armário. É impossível, em suma, mover-se totalmente para fora da heterossexualidade.

Como a obra de Foucault e a experiência de algumas políticas de afirmação homossexual mostraram, exigir o reconhecimento de uma identidade homossexual distinta inevitavelmente reafirma a oposição binária e desigual entre homossexual e heterossexual. Assim, em vez de ser uma tentativa de sair da oposição ou de invertê-la, a teoria queer pode ser vista como uma investigação de como a oposição moldou as hierarquias políticas e morais do saber e do poder. Alguns dos trabalhos mais minuciosos nessa área foram realizados por Eve Kosofsky Sedgwick, a crítica literária que a *Rolling Stone* chamou de "a afável rainha dos estudos gays".

A obra de Sedgwick não oferece um caminho para além do binário, mas começou a esmiuçar os modos pelos quais o enorme privilégio conceitual da heterossexualidade está entranhado em uma ampla variedade de discursos. Ao fazer isso, ela revela em que grau a promoção da heterossexualidade normativa depende de uma homossexualidade estigmatizada. Em *Between Men: English Literature and Male Homosocial Desire* (1985), Sedgwick analisa como o laço homossocial masculino é estruturado em torno da hostilidade à homossexualidade. Em *Epistemologia do armário* (no prelo), ela afirma que o "armário" ou o regime do "segredo aberto" associado à homossexualidade estruturou profundamente as ideias sobre valor e saber na sociedade ocidental.

A tensa relação entre saber, poder e sexo se revela na recepção acadêmica de alguns textos queer. A obra de Sedgwick costuma ter a forma de estudos de caso sobre textos literários, um tradicional exercício acadêmico. Seu ensaio sobre masturbação como um tropo em *Razão e sensibilidade*, de Jane Austen, gerou um desconforto imenso em alguns círculos acadêmicos nos Estados Unidos e muitas vezes é apresentado como símbolo da influência deturpadora da teoria queer sobre uma disciplina inocente (SEDGWICK, 1994a, p. 109-129).

A inquietação a respeito de quão apropriado é ensinar temas queer, gays ou lésbicos está claramente ligada ao medo de que o tema possa corromper o estudante. O exemplo mais óbvio desse medo na Grã-Bretanha foi a Seção 28 da Lei do Governo Local de 1988, que proibia a "promoção da homossexualidade" pelas escolas. Embora tal legislação se valesse de uma ideia homofóbica de crianças inocentes (e implicitamente heterossexuais) sendo levadas para o mau caminho, ela também pergunta *como* passamos a enxergar a nós mesmos como gays ou héteros. Se a homossexualidade e a heterossexualidade são categorias do saber, e não propriedades inatas, como nós, enquanto indivíduos, aprendemos a nos perceber desse modo?

Essas perguntas são centrais para alguns dos mais ambiciosos trabalhos da teoria queer que partem das ideias de Foucault e outros teóricos pós-estruturalistas para dar origem a uma nova e controversa teoria de gênero, sexualidade, corpo e subjetividade.

Agora é pessoal

Um aspecto crucial da análise da sexualidade feita por Foucault e das interpretações pós-estruturalistas e queer a ela relacionadas é que o indivíduo não é visto como um sujeito cartesiano autônomo ("Penso, logo existo") que tem uma identidade inata ou essencial que existe independentemente da linguagem. O que comum ou casualmente concebemos como "eu" é, na verdade, visto como uma ficção (ainda que séria) construída socialmente, como um produto da linguagem e de discursos específicos associados a divisões do saber. Eu posso acreditar que sou, de certo modo, essencial e singularmente eu mesma e que estou empenhada em um processo contínuo, e muitas vezes frustrante, de tentar expressar para os outros, por meio da linguagem, tanto a mim quanto a minhas intenções. Mas essa crença, esse senso de individualidade e autonomia é, em si, um construto social, e não o reconhecimento de um fato natural.

Da mesma forma que o gênero parece ser um componente fundador da minha identidade, também minhas preferências e desejos sexuais parecem ser, ou dão a impressão de ser, fundamentais para a minha percepção de quem sou. No final do século XX, sou propensa a pensar minha sexualidade tendo em vista uma série de identidades possíveis – hétero, gay, lésbica, bissexual – que estão, em si, associadas à minha classificação de gênero. Posso me considerar um homem gay ou uma mulher hétero, mas teria dificuldades em pensar que sou um homem lésbico (sobre isso, falarei depois!). O que me permite pensar a meu respeito como detentora de uma identidade de qualquer tipo são os vários discursos e seus saberes que produzem e policiam tanto a sexualidade como o gênero. As palavras que uso e os pensamentos que tenho estão ligados às construções da realidade da minha sociedade; assim como enxergo as cores definidas pelo espectro, percebo minha identidade sexual dentro de um conjunto de "opções" determinadas por uma rede cultural de discursos.

O que Butler percebeu

Problemas de gênero: feminismo e subversão da identidade, de Judith Butler, publicado em 1990, é possivelmente o mais influente texto na teoria queer. Butler explicitamente amadurece o trabalho de Foucault em relação às teorias feministas de gênero, a fim de expor e de investigar os modelos naturalizados e normativos de gênero e de heterossexualidade. Muitas críticas feministas observaram que Foucault havia estudado quase que exclusivamente a produção do homossexual *masculino*. Enquanto algumas explicavam o fato referindo-se a um suposto androcentrismo autoral, outras o compreendiam como consequência dos contextos históricos examinados por ele (como os discursos jurídicos), que ignoravam a sexualidade feminina. Em qualquer um dos casos, o fato de algumas apropriações da obra de Foucault subestimarem a importância do gênero incomodava as feministas. Embora sua obra tenha sido útil por possibilitar que trabalhos sobre a sexualidade fossem feitos de modo independente, e não como subordinados às análises de gênero, as profundas relações entre as duas categorias no pensamento moderno constituíram um evidente terreno para mais estudos e intervenções.

O estudo de Butler devolve o gênero a uma posição central na análise dos desejos e das relações sexuais, mas não a fim de preservá-lo como base da solidariedade política. Em vez disso, ela adota o argumento de Foucault de que a "sexualidade" é produzida discursivamente, ampliando-o para incluir o gênero. Ela apresenta o gênero como um *efeito performativo* experimentado pelo indivíduo como uma identidade natural, e argumenta contra a suposição de que a categoria de identidade de gênero "mulher" possa ser a base de uma política feminista, afirmando que as tentativas de empregar qualquer identidade como base sustentarão de forma inevitável, embora inadvertida, as estruturas binárias normativas das atuais relações de sexo, gênero e libidinais.

O gênero, argumenta Butler, não é uma extensão conceitual ou cultural do sexo cromossômico/biológico (leitura feminista consagrada), mas uma prática discursiva em andamento, atualmente estruturada em torno do conceito de heterossexualidade como norma das relações humanas. A heterossexualidade compulsória se instala no gênero por meio da produção de tabus contra a homossexualidade, o que resulta em uma falsa coerência entre gêneros aparentemente estáveis ligados aos sexos biológicos adequados. É por isso que se identificar como um homem lésbico parece absurdo. Mas as conexões não são inevitáveis ou naturais.

Se a sexualidade é um constructo social ou uma categoria do saber, e se, como insistem as feministas, o gênero é produzido culturalmente, então por que partimos do princípio de que o sexo, concebido como uma oposição binária entre homem e mulher, simplesmente está aí? Butler observa que, no final da introdução de *História da sexualidade*, Foucault argumenta que o "sexo" em si é uma categoria fictícia que tem sido interpretada como a fonte e a causa do desejo. O corpo não é naturalmente "sexuado", e assim se torna por meio de processos culturais que utilizam a produção da sexualidade para ampliar e sustentar relações de poder específicas. Mas a ideia de que o corpo é natural, e de uma ordem diferente daquela dos processos culturais, é poderosa, como a própria obra de Foucault inesperadamente revela.

Butler retorna a Foucault e descobre que em sua argumentação geral há uma metáfora do corpo como uma superfície na qual a história escreve ou imprime valores culturais. Para Butler, isso parece indicar que o corpo tem uma materialidade que precede a significação, o que ela considera problemático, e então busca um modo de interpretar o corpo como uma *prática significante*. Na obra de Mary Douglas e Simon Watney sobre discursos que constroem as margens e as fronteiras do corpo como perigosas (incluindo aquelas relativas à aids), Butler encontra a possibilidade de desenvolver a análise de Foucault para além de suas próprias fronteiras e limites, e de investigar o corpo como uma fronteira mediadora que divide interno e externo para gerar a experiência de um sujeito estável e coerente. Em vez de estar além da possibilidade de análise, o corpo, como a sexualidade, pode ter uma genealogia.

Enquanto Foucault aborda a psicanálise de modo geral, como um discurso a ser estudado mais do que a ser utilizado, Butler emprega as ideias de Freud, Kristeva, Lacan, Wittig, entre outros, para investigar como os efeitos de identidade são produzidos a partir da diferenciação entre o sujeito e o Outro e da produção de um núcleo interior fictício.

Para Butler, é por meio da repetição estilizada de atos corporais, gestos e movimentos específicos que o efeito do gênero é criado como "temporalidade social" (BUTLER, 2014, p. 242). Nós não nos comportamos de determinadas maneiras devido a nossa identidade de gênero, nós chegamos a essa identidade por meio daqueles padrões comportamentais, os quais sustentam as normas de gênero. O processo de repetição é "a um só tempo reencenação e nova experiência de um conjunto de significados já estabelecidos socialmente, e também a forma mundana e ritualizada de sua legitimação" (BUTLER, 2014, p. 242). Essa teoria da "performatividade" é uma das ideias mais influentes, ainda que confusas, que surgiram da teoria queer ou do feminismo nos últimos tempos. Assim como a análise de Foucault sobre a implicação recíproca entre saber e poder na produção das posições do sujeito, a performatividade de gênero literalmente destrói a base dos movimentos políticos cujo objetivo é a libertação de naturezas reprimidas ou oprimidas, tanto de gênero quanto sexual, porém revela possibilidades de resistência e subversão encobertas pela política identitária. A performatividade é, muitas vezes, confundida com o sentido comum de performance – mais como uma questão de escolha do que como uma necessidade de ter uma identidade inteligível no que se refere ao atual sistema de gênero. Essa confusão pode se dar, em parte, devido ao principal exemplo de paródia subversiva da performatividade de gênero escolhido por Butler: a drag. Tradicionalmente vista pelas feministas como a demonstração de uma feminilidade estereotipada, a paródia hiperbólica da drag, na interpretação de Butler, expõe a própria estrutura imitativa do gênero, fazendo com que enxerguemos de um jeito novo o que consideramos natural.

A interpretação equivocada de performatividade como escolha de gênero, como se escolhêssemos uma peça de roupa no armário, pode ter origem no desejo utópico de escapar das coerções da heterossexualidade e do sistema de gênero binário identificadas por Butler, ou no consumismo generalizado da cultura ocidental contemporânea, estruturado em torno do mito da livre escolha. Mas também pode, é preciso que se diga, estar associada ao estilo difícil e por vezes opaco da escrita de Butler e ao desejo de encontrar respostas e propostas tangíveis.

Saberes queer/performances queer

A linha de investigação que vai de Foucault a Butler se ramificou em várias direções nas teorias e nos estudos gays e lésbicos, feministas e queer. Na teoria queer, a crítica da classificação binária e naturalizada de gênero tem se ampliado em trabalhos sobre transexuais e transgêneros. Algumas análises se concentram na construção do corpo no discurso e na prática da medicina, enquanto outras exploram as possibilidades, na era da realidade virtual, de diferentes configurações entre três aspectos: sexual, tecnológico e corporal. Alguns trabalhos nessa área parecem extraordinariamente utópicos. Mas, ao estender a análise da construção de corpos sexuados e marcados pelo gênero a novas configurações de tecnologia, saber e poder, esses trabalhos oferecem um contrapeso à tendência de grande parte das análises queer de se concentrar nas representações literárias ou ficcionais.

Outra tendência dos estudos queer que se entrecruza com a obra de Butler, assim como com a política e a cultura queer, é a releitura do potencial subversivo e transgressivo do *camp*. Embora a interpretação equivocada de performatividade – ou seja, a de que podemos escolher de que gênero somos – esteja completamente em desacordo com as compreensões foucaultiana e queer de subjetividade, a ideia de que alguns estilos hiperbólicos de performance de gênero podem ser subversivos tem sido acertadamente relacionada ao *camp*. O *camp*, segundo Moe Meyer, é a linguagem (em sentido amplo) desacreditada, mas sagaz e subversiva, de um sujeito queer renegado (MEYER, 1994, p. 12). Na verdade, a performance *camp* transforma esse sujeito em ser, ao mesmo tempo que funciona como crítica cultural. Isso parece ter relação direta com o modelo de performatividade de gênero de Butler e com seu potencial subversivo por meio da distorção ou da queerização.

Os dois aspectos da teoria queer – a investigação dos saberes sobre sexualidade e sobre performatividade e performance – nos levam de volta à questão do início deste ensaio sobre o que faz Julian Clary e Eddie Izzard parecerem subversivos, uma vez que ícones *camp* anteriores costumavam ser considerados a reafirmação de estereótipos limitantes. Para algumas pessoas, pode ser uma questão de assertividade ou "exterioridade" [*outness*] do artista/performance, mas de um ponto de vista queer essa explicação é inadequada. Ela se baseia numa narrativa de progresso – do "dentro" do armário para o "fora" dele – e na crença de que a motivação ou intenção do indivíduo é o que determina o significado desses ícones. Além disso, como argumentou Foucault, esses são mitos culturais poderosos, e não verdades.

Por outro lado, podemos tratar o assunto como uma questão contextual. Nos anos 1970, as imagens *camp* de homossexuais exuberantes ou enrustidos confirmavam o "saber" negativo que circulava na mídia sobre as pessoas "queer", ao mesmo tempo que gays e lésbicas tentavam afirmar um saber diferente sobre si. Estrategicamente, portanto, o *camp* tinha impacto diferente do que tem hoje, quando pode representar a subversão queer de normas convencionais da identidade e do modo de ser tanto heterossexual quanto gay e lésbico. Mas não se trata simplesmente de agora o *camp* ser, em si mesmo, uma moda subversiva inevitável. As críticas queer à normatividade não podem negligenciar a capacidade de os discursos e saberes dominantes se apropriarem da subversão e de contê-la.

Podemos perceber a força das interpretações dominantes sobre sexo, sexualidade e gênero na diferença de recepção a Clary e a Izzard. Clary parece se enquadrar de modo previsível em um nicho *camp* específico que ele adaptou, com sucesso, ao formato televisivo convencional dos programas humorísticos e de entretenimento. Já as reações a Eddie Izzard foram bem mais complexas. Enquanto o travestismo do comediante ainda provoca reações variadas de entrevistadores e comentaristas, a chave de sua posição problemática nos atuais modelos de gênero parece ser sua sexualidade. As explicações do próprio Izzard para suas escolhas e preferências variam, mas não são elas a verdadeira questão aqui. A combinação que ele faz entre signos convencionais de gêneros opostos, como saia e barba, dão a entender que ele não se enquadra claramente nas alternativas masculino=homem=macho ou feminino=mulher=fêmea. Em muitas conversas sobre ele, acaba-se fazendo a seguinte pergunta: "Ele é hétero, gay ou o quê?". Sua performance perturba o saber convencional a respeito da aparência que o gênero masculino e/ou feminino deveria ter. Desse modo, quem se sente desconfortável com a aparência dele recorre a outro par convencional – homossexual/heterossexual – para dar sentido à própria confusão.

Nesse exemplo é possível ver as dinâmicas de construção discursiva do gênero e da sexualidade como separadas, porém conectadas. Pode-se interpretar a aparência de Izzard como a queerização performativa das normas de gênero e sexualidade, ao passo que as reações a ela revelam a força da normatização que nos atrai para as interpretações convencionais dos corpos e das identidades. Em termos foucaultianos, podemos interpretar isso como a corporificação da resistência "inflamando certos pontos do corpo, certos momentos da vida, certos tipos de comportamento"

(FOUCAULT, 2014, p. 105), e de nossas tentativas de restaurar aquele corpo à sua condição apropriada, inteligível.

Esse tipo de resistência não está limitado aos aspectos mais dramáticos da performance. A teoria e a cultura queer podem enfatizar as associações entre teatralidade e política em vez de enxergá-las como mutuamente excludentes, mas o queer tem um lado mais "sóbrio". Na teoria e na prática, podemos entender o queer como um adjetivo que atua como performativo, que tem a força de um verbo. David Halperin entende o queer como um "horizonte de possibilidades", e o sujeito queer como ocupante de um "posicionamento excêntrico" em relação ao normal, ao legítimo, ao dominante (HALPERIN, 1995, p. 62). Eve Kosofsky Sedgwick sugere que chamar a si mesma de queer envolve "empreender atos particulares e performativos de autopercepção experimental e afiliação" (SEDGWICK, 1994b, p. 9). Nessas tentativas de pensar sobre identidades sem essências, sujeitos em processo, talvez ecoe o interesse de Foucault nas técnicas de si não normativas da cultura grega. Nos comentários positivos de Foucault sobre a prática de sadomasoquismo como um jogo estratégico que cria prazer em vez de uma forma de dominação, Halperin encontra o indicador de uma prática sexual queer que poderia se abrir para a possibilidade de um "eu mais impessoal" (HALPERIN, 1995, p. 85-93). De modo geral, alguns dos mais recentes trabalhos de teoria queer buscam compreender como as relações entre identidade e ação possibilitam a capacidade individual e coletiva de agir em resistência a saberes e práticas opressores sem retornar à ideia modernista de sujeito autônomo. Assim como alguns pronunciamentos de Foucault, ao contrário de suas análises, esses estudos têm uma força utópica, mas que é abrandada pelo reconhecimento de que a forma do futuro não pode jamais ser imposta.

Hoje queer e amanhã não?

A cultura queer e a teoria queer atraíram nos últimos tempos muitas críticas de ativistas lésbicas, gays e queer, bem como da academia. Para alguns, o momento queer já passou e suas posturas transgressivas se transformaram em acessórios de moda. Você pode usar piercing no mamilo, vestir camiseta com a frase *"Queer as Fuck"*,[14] assistir a filmes queer, mas isso realmente faz diferença? Terá o queer se tornado apenas mais uma categoria identitária, trespassada em vez de dividida? Na sociedade de consumo do capitalismo tardio, será que os queers são apenas lésbicas, gays e algumas outras pessoas cujo relacionamento mais íntimo é com seus cartões de crédito?

A teoria queer em si tem sido criticada por sua abstração, sua fetichização do discurso e seu aparente desprezo pelo trivial. Essas críticas ecoam aquelas proclamadas contra as teorias pós-estruturalistas e pós-modernas em geral. Mais especificamente, a teoria queer tem sido acusada de ignorar ou subestimar as realidades da opressão e os benefícios a serem obtidos por campanhas unificadas por direitos e justiça. Suas credenciais – políticas, intelectuais e sociais – intervencionistas são vistas por algumas pessoas como tendo sido enfraquecidas por sua tendência a se concentrar na diferença e na transgressão como fins em si mesmos. A tendência de alguns textos queer de apresentar o gênero e a identidade como estruturas ou conceitos quase

---

[14] "Queer pra caralho". (N.T.)

exclusivamente negativos e aprisionadores também tem provocado críticas, e alguns comentadores sugerem que o queer deve mais à identidade gay machista do que admite.

Inevitavelmente, parte dessa crítica se baseia em uma compreensão reducionista. No dilúvio de ensaios e livros que reivindicam a condição queer, alguns dos argumentos da teoria queer foram diluídos ou deturpados ao nível do absurdo. Em alguns estudos, as tentativas da teoria queer de ir além do impasse entre construtivismo e essencialismo foram retiradas de cena pela recusa de considerar a existência de algum estudo genético que não tivesse motivação genocida. O modelo de performatividade de gênero de Judith Butler é constantemente transformado numa incitação para que você escolha seu gênero de acordo com a roupa que vai vestir todos os dias (uma perspectiva utópica atraente, mas que promove um desserviço ao rigor conceitual do argumento original).

Como discurso acadêmico, mantido dentro de um sistema universitário que apoia a pesquisa e ao mesmo tempo lhe impõe limites, a teoria queer está presa a um duplo movimento de contestar e produzir o conhecimento, de desafiar normas e ainda assim encarar um futuro possível como paradoxalmente ortodoxo. Caso o queer se torne normal e respeitável, caso se torne apenas mais uma opção, deixará de ser queer. Teresa de Lauretis, uma das primeiras a usar o termo, afirmou que a teoria queer "rapidamente se tornou uma criação da indústria editorial desprovida de conteúdo conceitual" (LAURETIS, 1994, p. 297). Mas ainda que o termo agora possa ser usado em projetos nitidamente não queer, ele tem sido constantemente retrabalhado em contextos de mudança social e discursiva. Novos encontros intelectuais têm diversificado a gama de temas e métodos da teoria queer. Embora a sexualidade permaneça o objeto-chave das análises queer, cada vez mais ela é estudada em relação a outras categorias do saber envolvidas na manutenção de relações de poder desiguais: raça, religião, nacionalidade, geração e classe.

Enquanto teóricos do queer renegociam seus termos de compromisso com o tema do qual se ocupam, talvez minhas últimas palavras devam ser as de Foucault:

> É preciso considerar a ontologia crítica de nós mesmos não certamente como uma teoria, uma doutrina, nem mesmo como um corpo permanente de saber que se acumula; é preciso concebê-la como uma atitude, um *éthos*, uma via filosófica em que a crítica do que somos é simultaneamente análise histórica dos limites que nos são colocados e prova de sua ultrapassagem possível (FOUCAULT, 2005, p. 351).

Referências

BUTLER, Judith. *Problemas de gênero: feminismo e subversão da identidade*. Tradução de Renato Aguiar. Rio de Janeiro: Civilização Brasileira, 2014.

FOUCAULT, Michel. O que são as luzes? In: MOTTA, Manoel Barros da (Org.). *Ditos e escritos. Arqueologia das ciências e história dos sistemas de pensamento*. 2. ed. Tradução de Elisa Monteiro. Rio de Janeiro: Forense Universitária, 2005. v. II. p. 335-351.

FOUCAULT, Michel. Poderes e estratégias. In: MOTTA, Manoel Barros da (Org.). *Ditos e escritos. Estratégia, poder-saber*. 2. ed. Tradução de Vera Lucia Avellar Ribeiro. Rio de Janeiro: Forense Universitária, 2006. v. IV. p. 241-252.

FOUCAULT, Michel. *História da sexualidade. A vontade de saber*. Tradução de Maria Thereza da Costa Albuquerque e J. A. Guilhon Albuquerque. São Paulo: Paz e Terra, 2014. v. I.

FUSS, Diana (Org.). *Inside/Out: Lesbian Theories, Gay Theories*. Nova York: Routledge, 1991.

HALPERIN, David M. *Saint Foucault: Towards a Gay Hagiography*. Nova York: Oxford University Press, 1995.

JAGOSE, Annamarie. *Queer Theory*. Melbourne: Melbourne University Press, 1996.

LAURETIS, Teresa de. Habit Changes. *Differences: A Journal of Feminist Cultural Studies*, v. 6, n. 2 e 3, p. 296-313, 1994.

MEYER, Moe. Introduction: Reclaiming the Discourse of Camp. In: MEYER, Moe (Org.). *The Politics and Poetics of Camp*. Londres: Routledge, 1994.

RUBIN, Gale. S. Thinking Sex: Notes for a Radical Theory of the Politics of Sexuality. In: ABELOVE, Henry; BARALE, Michèle Aina; HALPERIN, David M. (Orgs.). *The Lesbian and Gay Studies Reader*. Nova York: Routledge, 1993.

SEDGWICK, Eve Kosofsky. *Between Men: English Literature and Male Homosocial Desire*. Nova York: Columbia University Press, 1985.

SEDGWICK, Eve Kosofsky. Jane Austen and the Masturbating Girl. In: _____. *Tendencies*. Londres: Routledge, 1994a. p. 109-129.

SEDGWICK, Eve Kosofsky. Queer and Now. In: _____. *Tendencies*. Londres: Routledge, 1994b. p. 1-19.

SEDGWICK, Eve Kosofsky. *Epistemologia do armário*. Tradução de Rogério Bettoni. Belo Horizonte: Autêntica, 2017. No prelo.

SONTAG, Susan. Notas sobre o camp. In: _____. *Contra a interpretação*. Tradução de Ana Maria Capovilla. Porto Alegre: L&PM, 1987.

WARNER, Michael (Org.). *Fear of a Queer Planet: Queer Politics and Social Theory*. Minneapolis; Londres: University of Minnesota Press, 1993.

Ideias-chave

Discurso: Na teoria foucaultiana "discurso" não é só outra palavra para fala, mas uma prática material situada historicamente que produz relações de poder. Os discursos existem dentro das instituições e dos grupos sociais, dão suporte a eles, e estão ligados a saberes específicos. Assim, o discurso da medicina produz práticas, saberes e relações de poder específicos.

Genealogia: É o termo-chave de Foucault, derivado de Nietzsche, para definir uma investigação do desenvolvimento dos discursos, que se concentra não na continuidade ou na progressão linear, mas no que é específico, relacional e descontínuo. A genealogia foi interpretada por Judith Butler como algo que delineia a instalação e o modo de funcionamento de falsos universais.

Heteronormatividade: Descreve a tendência do sistema sexo-gênero ocidental contemporâneo de enxergar as relações heterossexuais como a norma, e todas as outras formas de comportamento sexual como desvios dessa norma.

Modelo lacaniano de subjetividade: O psicanalista pós-estruturalista Jacques Lacan afirmava que nossa identidade se forma através da linguagem, é fundamentalmente instável e está em contínuo processo.

Normatividade: Um tipo de operação de poder que estabelece e promove um conjunto de normas (de comportamento, de existência). Enquanto o "normal" pode ser estabelecido estatisticamente, as normas tendem a ser estabelecidas moralmente e têm a força de imperativos. A heterossexualidade pode ser "normal" em termos estatísticos, mas a normatividade das formas atuais de entender o sexo lhe garante a condição de norma, definida contra as práticas e os desejos a-normais. O aspecto mais perturbador da normatividade é a "normatização" pela qual as normas se mantêm. Foucault tentou definir práticas e culturas não normativas, bem como explorar o normativo e o normatizador.

Performatividade: Termo derivado da teoria dos atos de fala do filósofo britânico J. L. Austin, em que certos enunciados formais performam uma ação e exercem poder vinculante. Exemplos incluem a declaração de sentença jurídica e a cerimônia de casamento. O conceito foi adaptado por Judith Butler para descrever como o gênero é produzido como efeito de um regime regulador que requer a repetição ritualizada de formas particulares de comportamento.

Política identitária: Estratégia política afirmativa que se baseia na reivindicação de uma causa comum por meio de características compartilhadas (vistas ou como inatas ou como socialmente adquiridas). Exemplos tradicionais de políticas identitárias, baseadas no gênero ou na diferença racial, têm sido criticados por subestimar a complexidade da formação identitária.

Scientia sexualis: Termo com que Foucault define a inscrição do corpo, na cultura ocidental moderna, dentro dos discursos da sexualidade que produzem saberes tanto disciplinares quanto produtivos. Esses discursos têm força normatizadora e são legitimados por uma "vontade de verdade" científica.

Taxonomia: Sistema de classificação que impõe ordem ao mundo de acordo com valores culturalmente específicos.

Transexual/transgênero: Enquanto transexual geralmente remete a indivíduos que se submeteram a tratamento médico, incluindo procedimentos cirúrgicos e hormonais, para fazer com que o corpo corresponda à percepção que a pessoa tem de si mesma como homem ou mulher, transgênero geralmente remete a pessoas que recusam ou perturbam as normas culturais de aparência ou comportamento masculino e feminino e sua suposta correspondência com uma masculinidade ou feminilidade biológica preexistente.

Ágape e êxtase:
orientações pós-seculares

> Encontramos este homem
> subvertendo a nossa nação.
>
> Lucas 23, 2

> Tudo que é oposto, original, estranho, frugal;
> Que é volúvel, bicoloreado (quem saberá como?)
> De rapidez, lentidão; doçura, amargura;
> brilho, opacidade;
> Ele, cuja beleza é eterna, tudo cria:
> Louvem-no.
>
> Gerard Manley Hopkins, "Beleza bicolor"

Escrevo este ensaio em meu escritório. Este espaço de escrita, em todas as casas onde pacientemente o reconstruí, sempre foi um dos lugares em que me senti mais à vontade; recentemente, no entanto, ele me provoca incômodo. Penso ser uma questão de desorientação. Meu escritório abriga, entre outras coisas: uma grande e já desbotada litografia da ascensão da Virgem Maria; várias bíblias e edições oitocentistas das obras de John Bunyan; uma vela de devoção meio grudenta com a imagem da cabeça de Cristo coroada de espinhos; dois bonecos de cerâmica do Novo México – um demônio e um esqueleto – com pernas de mola; e um pequeno monóculo em forma de cruz, entalhado em osso, com imagens da Primeira Guerra Mundial. Esses objetos estruturam e permeiam meu trabalho e minha identidade. Ao longo de mais de metade da minha vida, já os transportei várias vezes, recriando esse cenário e seus adereços ao me mudar de um apartamento para uma casa, e daí para uma casa maior. Essa recriação do espaço sempre me deixou à vontade, sempre refletiu facetas da minha identidade. Então por que essa bricolagem de objetos antes devocionais, possivelmente *kitsch* e cheios de valor sentimental, que já serviram de âncoras flutuantes para minha percepção de quem sou, agora me deixa angustiada?

A resposta, em parte, é que estou me sentindo nostálgica de uma fase da vida que coincidiu com uma pós-modernidade e foi moldada por ela – uma pós-modernidade que, se não passou (para ser precisa, como poderia ter passado?), mudou. Agora é preciso ver esses objetos em um contexto global, no qual seus significados foram alterados de modo dramático.

Quando penso no meu escritório, lembro-me das palavras de Sara Ahmed (2006, p. 9) no instante em que ela busca cautelosamente um sentido de orientação: "Lares são consequências das histórias de chegada". Como Ahmed, nunca gostei de fazer as malas, mas sempre adorei desfazê-las e reacomodar minhas "coisas", observando os objetos e seu efeito à medida que estimulam meu reconhecimento, minha percepção do que é familiar. No meu caso, e no meu espaço, isso inclui símbolos e textos do cristianismo, com os quais me relaciono de maneira incômoda.

De fato, meu escritório é resultado da minha própria história de chegada ao século XXI, mas seria também um ponto de partida, um modo diferente de pensar? O que significa quando acadêmicos de todo o mundo voltam a se engajar com o fenômeno religioso, com novas formas de pensar sobre a fé e o amor em tempos difíceis? A investigação de Ahmed sobre a orientação se concentra, principalmente, embora não exclusivamente, no sexual, e percebo, em meu escritório, a interação entre sexualidade e religião. Não há nele nada de incomum quanto à justaposição do sagrado ao sexual. A combinação entre sexo e religião se manifestou muitas vezes na produção cultural pós-moderna e nas atividades políticas que marcaram a pós-modernidade nos anos 1980 e 1990, ao mesmo tempo que a influência e o impacto da religião na vida dos sujeitos ocidentais eram considerados, pelos estudos sociológicos dominantes e mais amplamente pela mídia, como decadentes ou marginais (HUNT, 2005; MCLENNAN, 2010, p. 3-20; PHILPOTT, 2002, p. 66-95).

No final do século XX, a cultura popular estava impregnada de referências, muitas vezes simultâneas, ao religioso e ao sexual, que iam de objetos *kitsch* como aqueles do meu escritório até a arte e as ações cuja aparente dessacralização de símbolos religiosos testavam os limites da tolerância pública e jurídica – desde as inevitáveis brincadeiras de Madonna com o catolicismo até as atividades igualmente jocosas, mas com motivação política, do Sisters of Perpetual Indulgence.[1] Embora a religião parecesse ocupar um espaço cada vez menor entre as disciplinas acadêmicas, e sua combinação com o sexual aparentemente fosse um confronto entre temas distantes, talvez até antitéticos, o jogo pós-moderno com o religioso e o sexual era uma marca da

---

[1] Grupo gay formado em 1979 em São Francisco, Califórnia. Seus integrantes se vestem de freira e drag e vão às ruas protestar por causas LGBT, pelo combate à aids e contra a intolerância sexual. (N.T.)

contínua influência da cultura religiosa em nossos desejos, prazeres e em nossas identidades. No ciclo de expansão e contração da economia, característico do contexto pós-moderno, consumimos imagens e hóstias que prometiam a transubstanciação de uma presença que ostensivamente havíamos renegado.

Por quê? Se renegamos a ideia do transcendente quando rejeitamos a metafísica da presença, qual a necessidade dessa jogada transgressiva? E agora, no novo milênio, em que a partida parece ter chegado ao fim, vale a pena levar a sério esse renovado retorno analítico ao religioso?

Uma interpretação comum da tendência religiosa do pós-modernismo a considera como mais uma forma de consumismo, uma escolha entre analgésico ou tônico para a melancolia ou *ennui* resultantes da falta de grandes narrativas que guiem ou moldem nossas vidas. Com certeza não é difícil enxergar meus objetos como oriundos do que os sociólogos Stark e Bainbridge chamaram de "supermercado das crenças: herdadas, reavivadas, familiares, restauradas, importadas e exóticas" (STARK; SIMS; BAINBRIDGE, 1985, p. 437).

Mas, ao contrário das pessoas que buscam valor ou sentido espiritual e cujas combinações seletivas ou sincréticas – um pouquinho de xintoísmo com um toque de taoísmo para reavivar a fé de base batista – pareciam refletir o modo eclético e combinado do capitalismo global, eu conservava um interesse incômodo pelo cristianismo da minha infância – não como fé redentora, mas como um discurso e um conjunto de práticas, muitas delas associadas a uma orientação ética voltada para os outros, individual e coletivamente, que havia sido parte da minha formação. Depois de me afastar do religioso na adolescência, em prol de envolvimentos nitidamente políticos, voltei aos textos religiosos como fonte da história cultural, mas me vi intrigada com a persistência da teologia da libertação em lutar contra o regime tanto de direita quanto de esquerda, e com o discurso que desafiava a dominação aparentemente inexorável das forças do mercado global. Meu interesse mutável e cada vez mais consciente pela religião podia ser visto, ainda que de maneira um pouco reducionista, como o reflexo do processo mais amplo de análise crítica centrada nas religiões, na religiosidade e no religioso dentro da academia; isso, por sua vez, diz muito sobre as transformações das modalidades e prioridades da atual condição intelectual, cultural e social e sobre a necessidade de renegociar a ética em nossas relações uns com os outros.

Este texto considera dois tipos de pensamento antifundacionistas sobre os desafios de *ser diferente* no mundo à medida que superamos o pós-moderno. Embora "pós-secularismo" e "teoria queer" sejam termos-valise usados para descrever diversos trabalhos, ambos dependem de – e têm o poder de testar até o limite – algumas das interpretações e teorias pós-estruturalistas de identidade, sentido e existência que caracterizam o pensamento crítico do final do século XX. As duas áreas compartilham o compromisso, variável de profissional para profissional, de abordar tanto o que poderíamos chamar de dimensões filosóficas de seus objetos de pesquisa quanto as realidades *cotidianas*, ou históricas, da existência. Como tais, e no diálogo entre si, penso que o pós-secularismo e a teoria queer apresentam algumas das maneiras mais convincentes de pensar nossa condição atual. Uma não dependente da outra, mas eu diria que cada uma pode ser produtivamente testada e ampliada por esse encontro.

De volta ao pós-moderno

Um dos ramos da jogada pós-moderna com a religião foi claramente paródico, e enfatizou o *camp*, o *kitsch*, até chegar no limite. Algumas vezes, sem dúvida, o resultado foi cômico, mas o paródico, como sabemos, costuma ser sério. Como explicou Georges Bataille, "o mundo é puramente paródico, [...] cada coisa que vemos é uma paródia de outra, ou é a mesma coisa numa forma enganadora" (BATAILLE, 1985, p. 5), uma ideia que Loughlin (1999, p. 143-162) aplicou a Baltazar. Muito do jogo paródico com o religioso não era sério apenas na intenção, mas indicava a fragilidade ou mesmo a natureza ilusória dos fundamentos sobre os quais se construíram as proibições e injunções da cultura. Mas essas reviravoltas da religião contra si mesma foram uma rejeição?

Na verdade, embora a religião tenha sido amplamente ignorada por professores universitários consagrados na área de humanidades, exceto nos departamentos de teologia e de estudos da religião, quem acreditava persistiu em suas crenças: mundo afora, os movimentos fundamentalistas das principais fés abraâmicas – cristianismo, islamismo e judaísmo – ofereceram certezas novas ou renovadas para combater ansiedades, perdas e traumas do contexto social e político. A tendência das versões fundamentalistas de cada uma das três religiões era a de serem cada vez mais exclusivistas e restritivas em suas definições do que e de quem era, e poderia ser, aceitável, confiável ou salvo. As pessoas excluídas ou marginalizadas em virtude da sexualidade, por exemplo, em algumas interpretações dos textos fundadores de sua religião, não encontravam espaço nos novos movimentos. Na era dos cristãos renascidos, dos jihadistas e dos ultraortodoxos, a relação entre a fé e os sujeitos fora dos padrões religiosos estaria acabada ou apenas entrando numa nova fase?

A religião ainda tinha importância vital para muitas pessoas lésbicas, gays, bissexuais e trans (doravante LGBT). O queer sempre teve um posicionamento queer sobre religião, que se dava, em parte, não rejeitando a religião ou a fé em si, mas criticando os lugares reservados aos fiéis dentro de (ou por) uma versão discursiva ou institucional específica de determinada religião, tendo como base a sexualidade desses fiéis. Sem dúvida, parte do discurso e da arte da religião queer influenciou a bricolagem pós-moderna do meu escritório e, em especial, ofereceu formas de apoiar, de modo diferente, as pessoas que queriam ou precisavam se apegar a uma religião que nem sempre era receptiva com elas. Como sugiro no final deste estudo, a teoria queer também foi além da transgressão criativa e da paródia, e ofereceu a versão revista de uma religião queer inclusiva que talvez possibilite superar o impasse do fundacionalismo religioso e político convencional.

11 de setembro

Se os acontecimentos de 11 de setembro não foram os únicos catalisadores do interesse renovado da academia pelo religioso, certamente foram a deixa para que o trabalho tivesse mais importância e urgência. No terceiro milênio, como afirma Rosi Braidotti, "a religião voltou com toda força" (BRAIDOTTI, 2008, p. 2), e, no campo amplamente definido como tradição humanista ocidental, o medo do teísta e a nostalgia por ele se propagaram pela quietude das salas de estudo em um momento de guerra perpétua.

Um dos impactos imediatos da lembrança em 2001 de que a fé religiosa poderia oferecer, ao menos para algumas pessoas, um fundamento ou uma base para o ativismo violento, foi a reconsideração da ideia de que as grandes narrativas, ou metanarrativas, não funcionavam mais como forças legitimadoras; essa ideia, sistematizada por François Lyotard em *A condição pós-moderna* (1986), constituiu uma das posições epistemológicas mais influentes da pós-modernidade. Certamente seria uma redução grosseira da análise de Lyotard se a invalidássemos usando como fundamento a influência continuada das metanarrativas, mas os eventos de 11 de setembro chamaram bastante atenção para o sentido constante que algumas pessoas veem na orientação religiosa, destruindo a ideia de que o mundo estava progredindo sem parar, ainda que em ritmo variável, rumo ao secularismo.

Essa situação global alterada ganhou um nome: "pós-secular", termo cunhado por Jürgen Habermas (2001) no discurso de aceitação do Prêmio da Paz do Comércio Livreiro Alemão. Desde então, o termo vem sendo adotado para nomear um campo ou modo de análise e uma teoria que, assim como o pós-moderno, além de recorrerem a vários pensadores e autores de diferentes disciplinas, também os dividem, junto com os leitores, de acordo com o modo como compreendem o pós-secular. Além disso, o termo também marca um novo conjunto de prioridades na crítica cultural e social da vida contemporânea.

Fundamentos novos para o que é velho?

Após uma onda de condenações ao fundamentalismo, tanto no islamismo como nas outras religiões abraâmicas – cristianismo e judaísmo –, a grande mídia acabou dando vida a uma forma diferente de fundacionalismo, baseada nas críticas às interpretações parciais ou distorcidas que os adeptos faziam das escrituras e na análise de questões políticas essenciais por trás dessas interpretações. Desde o 11 de setembro, diferentes comentadores e cientistas que adotam um modelo progressista de racionalismo científico – entre eles Richard Dawkins (2006), Daniel C. Dennett (2006), Sam Harris (2004) e Christopher Hitchens (2016) – têm atacado causticamente a religião. Embora o que tem sido descrito como Novo Ateísmo não seja um movimento ou uma aliança consciente, quem se identifica com esse rótulo compartilha uma rejeição ao que era, até então, o modelo dominante de tolerância secular ao religioso, e apresenta a religião como uma ilusão perigosa ou um apego irracional e emocional do qual, como espécie, precisamos nos livrar (WOLF, 2006). A crítica rigorosa à religião e a argumentação consistente a favor de um pensamento secular não foram suplantadas pelo Novo Ateísmo, mas na década posterior ao 11 de setembro o discurso público foi dominado por quem busca, como observou Greg Epstein (ver MCGRATH, 2011), capelão humanista e secularista da Universidade de Harvard, "humilhar e envergonhar as pessoas para afastá-las da religião, acusando-as de estupidez por acreditarem em um deus belicoso".

As reações a essa confirmação de um modelo um tanto possessivo de racionalismo foram ambíguas. São óbvias as vantagens de uma postura capaz de censurar tanto as evidentes barbaridades da religião agressiva quanto os absurdos da fé pós-moderna em uma metafísica nebulosa. O medo e a raiva da população, fortalecidos pela ansiedade diante da perda das grandes narrativas ocidentais conhecidas, prepararam o público para receber um discurso científico específico que, até o momento, havia sido submetido à sua própria análise pós-moderna e autorreflexiva, tanto na comunidade científica quanto fora dela. Paradoxalmente, o desafio apresentado pelo secularismo agressivo também encorajou o diálogo renovado entre diferentes credos e entre pessoas que suspeitavam de um aparente retorno à desacreditada compreensão iluminista do que é o ser e a sociedade. Outras pessoas retornaram a outros fundamentos do pensamento pós-moderno. O crítico Terry Eagleton (2011) escreveu uma crítica veemente a certo modo de abordar a religião que ele chamou de "Ditchkins".[2] Ainda que Eagleton capture, em seu aspecto sincrético e redutor, o que ele diz serem falhas semelhantes no estilo de argumentação de seus colegas de debate, ele mesmo parece atraído pela ideia quase nostálgica de um pré-pós-moderno, ou mesmo pré-moderno, em que o cristianismo, entendido em termos políticos radicais, ocupa o lugar da grande narrativa marxista falida. Podemos dizer que sua versão do cristianismo oferece um fundamento para a crença e a ação política.

Assim, alguns trabalhos contemporâneos sobre o religioso podem ser interpretados, a favor ou contra a corrente, como o apelo a um modo pré-pós-moderno de ver e de pensar o ser humano, mas há outras abordagens que dão continuidade a formas de pensamento mais abertas, características da pós-modernidade, incluindo a do teórico que indiscutivelmente se tornou o mais celebrado, às vezes o mais controverso, crítico europeu da contemporaneidade: Slavoj Žižek. Combinando teoria psicanalítica, análise de

---

[2] Combinação dos sobrenomes de Richard Dawkins e Christopher Hitchens. (N.T.)

filmes e exploração de tradições e contextos filosóficos e políticos, Žižek já havia tratado de temas religiosos, mas, no terceiro milênio, publicou vários textos, individuais ou em colaboração, que o tornaram um dos nomes mais conhecidos a contribuir para o ressurgimento do religioso na teoria crítica e cultural. A postura de Žižek é semelhante à de Eagleton em pelo menos dois aspectos: a ambição política e a oposição ao espiritualismo vago da pós-modernidade e ao ateísmo agressivo; mas enquanto Eagleton parece mais interessado na possibilidade de restabelecer o potencial revolucionário perdido de um cristianismo *historicamente situado*, a perspectiva psicanalítica de Žižek o coloca em diálogo mais próximo com a filosofia e a teologia do fim do período pós-moderno e do terceiro milênio.

Poderíamos dizer que Žižek deu continuidade e modificou uma tradição pós-estruturalista ou pós-liberal que, até 2001, se preocupava com questões religiosas, seguindo, embora nem sempre numa sequência temporal, a intrigante "virada religiosa" atribuída a Jacques Derrida e a outros filósofos dos anos 1990 (JANICAUD; COURTINE, 2001). O influente ensaio *Força de lei*, de Derrida (2007), respondeu a acusações de que a desconstrução não se preocupava com a moral, a justiça e a lei; ao sustentar que a justiça seria uma promessa sem fundamento, e infinita em certos aspectos, ele surpreendeu pelo menos parte dos leitores ao abordar questões de religião.

Não há espaço suficiente para explorar aqui as interpretações antagônicas do posicionamento de Derrida em relação à religião. A sólida interpretação oferecida na corrente dominante da filosofia continental da religião é que Derrida se relaciona com o religioso não a partir de uma postura de fé ou para promover a fé, mas a partir de uma perspectiva política e filosófica (CROCKETT, 2010, p. 299-315). Podemos dizer que os filósofos e escritores que investigam a religião dentro da "tradição" continental e que criticam as análises e os comentários pós-modernos e pós-liberais, mas ao mesmo tempo colaboram com eles, exploram a esfera religiosa de um ponto de vista que, como o de Derrida, é político, mas não fundacionista. Autores que vão de Žižek (2015) a Alain Badiou (2009), Giorgio Agamben (2002), Derrida e Gianni Vattimo (1996) e Rorty e Vattimo (2006), entre outros, buscam formas de reagir a alguns dos efeitos da economia pós-moderna, financeira e culturalmente, inclusive à evidente hegemonia do mercado global, dominado por interesses comerciais multinacionais. Mas, ao contrário dos que acreditam que a virada religiosa ou a insistência no ateísmo é um retorno, ou sonho de retorno, ao pré-pós-moderno, eles mantêm e desenvolvem os modos especulativos e antifundacionistas de investigação e análise filosófica que caracterizaram o pós-moderno.

Trabalhando numa academia definida predominantemente como secular, esses pensadores têm dialogado, e algumas vezes colaborado, com teólogos que se identificam como membros de grupos religiosos, como fiéis, ainda que esses termos sejam compreendidos em sentido pós-moderno. Em 2009, Žižek colaborou com uma das principais figuras da "ortodoxia radical", John Milbank, em *A monstruosidade de Cristo: paradoxo ou dialética?* (2014), que apresenta um debate entre seus modos de compreender e abordar o teológico dentro da economia capitalista global. A ortodoxia radical é um movimento teológico cristão que se contrapõe ao secularismo dominante e ao ateísmo renovado adotando e desenvolvendo a teoria e a filosofia pós-liberal e pós-estrutural em vez de rejeitá-las em nome de um fundacionismo re-apresentado (SHAKESPEARE, 2007). Como o oximoro do nome sugere, trata-se de um movimento que desafia a fácil categorização nas taxonomias políticas convencionais.

Um dos representantes mais inteligíveis da ortodoxia radical, quando se parte de uma perspectiva não teológica, é Graham Ward. Ward (2003) é um teólogo cristão cujos diálogos, diretos e implícitos, com alguns investigadores não cristãos do religioso, de Agamben a Žižek, ajudaram a aplicar a força interrogativa desses pensadores na sua fé, ao mesmo tempo que sua perspectiva teológica possibilitou que ele levasse os questionamentos filosóficos a diferentes públicos. Ward está entre os teólogos que argumentam que, se a renovada atenção dada à fé não levar a uma aceitação das hierarquias discursivas das teologias e das práticas da religião organizada, então deverá trazê-las para o primeiro plano. Uma nova teologia deve ser, nas palavras de Sara Maitland (1995), "uma teologia que conduza e dê apoio a uma antropologia e a uma ética que afirmam a diferença como algo desejável"; se, de modo ainda mais radical, como o próprio Ward declarou (2003, p. 5), "a verdade da religião é um clamor constituído na sua própria impossibilidade", tanto a crença quanto a ação em nome de uma crença devem ser compreendidas como definidas por sua condição infundada.

É essa ênfase dupla na orientação para a diferença ou a alteridade e na impossibilidade radical de pretensões de verdade enraizadas ou fundamentadas, duas características fortes do pensamento pós-secular, que associarei adiante com as prioridades e as abordagens da teoria queer.

Mudando o mundo em nome de Deus

Embora nem todos os escritos teológicos contemporâneos sejam politicamente afiliados à centro-esquerda, grande parte da nova teologia cristã, como a teologia da libertação, se opõe explicitamente ao mercado capitalista global e a seus efeitos nos indivíduos e nas comunidades. Desse modo, ela compartilha bases comuns com pelo menos algumas das críticas islâmicas contemporâneas à combinação de forças imperialistas e de mercado que contribuiu para o crescimento das formas defensivas e agressivas do fundamentalismo islâmico. Não sou nenhuma especialista no pensamento atual para além das correntes judaico-cristãs do pós-secularismo, mas está claro que alguns trabalhos de acadêmicos islâmicos, como o de Hamid Dabashi, estão empenhados não só em apresentar uma crítica das forças econômicas, políticas e culturais que produziram as oposições restritivas e mortíferas entre o Ocidente e seus Outros, mas também em desenvolver novas formas antifundacionistas de compreender os potenciais papéis das religiões e de seus fiéis que superam o pluralismo e o relativismo da pós-modernidade (DABASHI, 2008, em contraste com o modelo mais convencional apresentado por RAMADAN, 2010).

Investigações paralelas, em diferentes movimentos religiosos e tradições filosóficas afins, parecem avançar além do pluralismo e do relativismo, cujas limitações frustraram muitas pessoas que queriam mudança no fim do segundo milênio. Eu acredito – e uso essa palavra deliberadamente com toda sua força especulativa e infundada –, que o pensamento pós-secular, ao chamar nossa atenção para os riscos de uma conclusão prematura, pode nos possibilitar um retorno renovado às possibilidades do pensamento e da análise pós-estruturalistas e à sua relevância em questões políticas, éticas e epistemológicas. Tenho a impressão de que seria um erro, em termos tanto filosóficos quanto psicológicos, permitir que a decepção com as dimensões socioeconômicas da condição pós-moderna nos encorajasse a adotar uma versão do ateísmo, em contraposição ao agnosticismo, que rejeite o religioso como modo de orientação.

Embora o modelo de espiritualidade que parecia prosperar na era pós-moderna dê a impressão de se encaixar perfeitamente nos processos, nos esforços e nas necessidades de uma economia de mercado global baseada no consumo, a abertura ao religioso, compreendida *de modo diferente* daquele a que muitos de nós fomos levados a compreender, pode mostrar novas formas de explorar nosso relacionamento com o mundo e com os outros. Se enxergamos certa forma de desejo como uma falta fabricada, egocêntrica e nunca satisfeita – criada por forças de mercado perpetuadoras das desigualdades que fomentam as ameaças a toda nossa segurança –, talvez seja hora de olhar para duas forças diferentes. Saturada de desejo e enfadada por ele, acho que chegou a hora de considerar o que, para mim, são orientações contingentes e concomitantes, e não forças ou fundamentos, de um modo de existência diferente na condição pós-moderna: *ágape* e êxtase.

Ágape

Em sua obra de título mais provocativo – *O absoluto frágil, ou Por que vale a pena lutar pelo legado cristão* –, Žižek explora o conceito de *ágape*. A palavra *ágape* é uma das muitas do grego antigo traduzidas como "amor" e a única tradicionalmente usada nos textos cristãos para descrever o amor aos outros, desde o amor de Deus pela humanidade até o amor de um indivíduo por outros. Não se trata aqui de investigar as nuances do uso do termo nos escritos cristãos antigos e posteriores, mas não seria equivocado dizer que o termo muitas vezes tem uma carga de autossacrifício, e que, em seu sentido de doação voluntária e incondicional, se associava à palavra "caridade", que costumava ser usada nas traduções inglesas antes de se delimitar o sentido moderno comum daquela palavra.

Žižek adota o termo e considera seu uso geral na tentativa de desafiar uma economia literal e libidinal que, como diz o título de um dos capítulos de O *absoluto frágil*, tem a "Coca-Cola como 'objeto a'". A oposição de Žižek à "máquina capitalista global" (2015, p. 72) é evidente, assim como sua rejeição do "neopaganismo da Nova Era" (2015, p. 109), modo como ele define a espiritualidade pós-moderna. Ele escreve sobre o potencial radical desse modelo de amor para romper com a dialética da Lei e da transgressão da Lei, conforme evidente em múltiplas dimensões (econômica, política, libidinal) da economia contemporânea:

> Como sabe todo verdadeiro cristão, o amor é o *trabalho* do amor – o trabalho árduo e difícil do repetido "desacoplamento" em que, o tempo inteiro, temos de nos desprender da inércia que nos obriga a nos identificar com a ordem particular em que nascemos. Pelo trabalho cristão do amor compassivo é que percebemos naquilo que era até então um corpo estranho e importuno, tolerado e até moderadamente suportado, de modo que não nos importunava muito, um sujeito com seus sonhos e desejos destroçados – é *essa* herança cristã do "desacoplamento" que é ameaçada pelos "fundamentalistas" atuais, sobretudo quando se proclamam cristãos (ŽIŽEK, 2015, p. 126-127).

Teoricamente, a noção de *ágape* apresenta uma maneira de formular uma atitude em relação aos outros, e ao Outro, que merece ser investigada. E pode ser que no cristianismo, assim como em outros credos, essa atitude potencial esteja codificada e pronta para ser colocada em prática. Mas quando levamos em conta a esfera da religião prática e organizada, no mundo inteiro, as coisas são diferentes. O pensamento pós-secular pode ser útil para reabrir questões sobre a diferença fundamental prematuramente respondidas pelo racionalismo ressurgente, mas as práticas e os discursos da religião continuam a manter distinções e hierarquias que negam e prejudicam. No contexto dessas realidades, *ágape* pode sobreviver? Para que o pensamento pós-secular, ou a virada religiosa, apresente mais do que a "salvação" intelectual da tradição filosófica, ele terá de abordar a vida de homens e mulheres. É nessa dimensão, penso, que a teoria queer tem muito a oferecer para a reavaliação e reconfiguração do religioso no terceiro milênio.

A corrente filosófica do pensamento pós-secular está sujeita à crítica de omitir ou ofuscar a diferença histórica, as contingências contextuais do lugar a cada tempo, mas alguns estudos historicistas produziram ideias que contribuíram para uma revisão provocativa do religioso. Em seu estudo *Queer Fish: Christian Unreason from Darwin to Derrida* (2004), John Schad argumenta que, em termos históricos, nas sociedades que se tornaram predominantemente seculares, ao menos na aparência, o credo, deslocado de sua posição central, veria realçado um aspecto diferente de sua "disposição":

> À medida que a descrença se tornou a norma não apenas entre intelectuais, mas também entre "as massas", o cristianismo também se tornou, em alguns casos e aspectos, marginal e alterizado. A antiga e inerente

disposição do cristianismo para a irracionalidade foi redobrada por um posicionamento novo, cultural, como o outro da modernidade secular. Agora – ou melhor, vez ou outra – era algo excêntrico, esquisito, até mesmo queer (SCHAD, 2004, p. 2-3).

Essa queeridade, ou esquisitice, ou alteridade, se vista como central a um modo religioso de ser ou de pensar, me interessa. Ela está ligada, pelo menos para mim, à noção de êxtase, de se posicionar fora, seja das normas sociais ou de nosso próprio si-mesmo; ela também está ligada à elaboração de novos modelos éticos dentro da teoria queer do terceiro milênio.

É na esfera ética que se dão mundo afora as batalhas mais intensas da igreja cristã, e tanto o status quanto o lugar de cristãos LGBT configura o assunto das discussões mais acaloradas, e geralmente injuriosas, nos debates formais e informais. No Reino Unido, a Igreja Anglicana – liderada pelo intelectual liberal Rowan Williams, arcebispo da Cantuária – está presa ao que um pensador anglicano, Giles Fraser, descreveu como uma dialética hegeliana cuja inclusão complacente denota que "ela não consegue resistir à intolerância, ao sexismo e à homofobia que começaram a ressurgir de modo sórdido no púlpito anglicano" (2007, p. 49). Embora setores da igreja no mundo todo ameacem se dissidir em protesto, os aparentes avanços rumo à plena aceitação de gays e lésbicas no clero cristão ou na própria igreja têm se dirigido a uma tolerância limitada, resumida numa declaração anglicana de 1991, *Issues in Human Sexuality*, que, como observa Fraser, insiste que os bispos adotem a linha "amar o pecador, odiar o pecado", ignorando o fato de que para muitos cristãos "não se trata de pecado" (FRASER, 2007, p. 117).

O fracasso em enfrentar o desafio de manter uma ética sem recorrer ao estabelecimento e ao controle das normas e do normal, da hierarquia que classifica os sujeitos como mais ou menos virtuosos ou pecaminosos, limita o potencial de qualquer religião tanto de incluir todos os membros de uma sociedade diversificada quanto de corresponder às necessidades dessa sociedade. É nesse aspecto, penso, que a teoria queer tem muito a oferecer. No entendimento de o que são os conceitos foucaultianos de poder e resistência, conforme adaptados principalmente por Judith Butler (2004, 2014, 2015) e Eve Kosofsky Sedgwick (2017), a teoria queer tem as ferramentas para investigar a representação de identidades e práticas normativas, e, por meio de suas operações performativas, pode desafiar e desestabilizar o que é aceito e esperado.[3] Para mim, a ideia útil e provocativa do extático se desenvolveu a partir do performativo. Inicialmente, a noção de que a fé e a subjetividade possuem uma condição queer pode parecer mera provocação; que seja então uma provocação necessária.

Êxtase

A fase inicial do desenvolvimento da teoria, da interpretação e da crítica queer, que rapidamente se voltou para assuntos e objetos de diversas disciplinas acadêmicas, deu pouca atenção à religião, o que parece estranho se levarmos em conta o papel do discurso religioso como um dos primeiros contextos da produção de subjetividades sexualizadas, ainda que proibidas, e também se levarmos em conta, pelo menos na igreja cristã, sua organização paradoxalmente fértil

---

[3] Conferir meu ensaio "Foucault e a teoria queer", neste volume.

em comunidades formadas por pessoas do mesmo sexo. Sem dúvida, a preocupação do ativismo queer pode ter sido tratar do impacto e do alcance do discurso médico e do discurso jurídico e de como eles constroem normas, mas, a partir de meados do século XX, o aumento do fundamentalismo cristão nos Estados Unidos deu nova energia aos discursos negativos sobre atividades e identidades sexuais inaceitáveis e supostamente proibidas pelas escrituras (JORDAN, 2007, p. 563-575). Jordan identificou uma combinação entre o "persistente desprezo por temas religiosos nas universidades seculares de língua inglesa" e os "modelos antirreligiosos que regem muitas estratégias do ativismo queer a partir do final dos anos 1960", acrescentando que "o menosprezo pode até representar a necessidade dos teóricos de abandonar uma formação religiosa ou de anular uma conversão desagradável durante a adolescência" (JORDAN, 2007, p. 563). Há exceções, e o compromisso crítico LGBT com a religião é maior agora do que foi no passado; no entanto, não cabe aqui examinar esses trabalhos (WILCOX, 2006, apresenta uma análise).

    O que quero mostrar é como a teoria queer, em seu sentido filosoficamente mais radical, pode contribuir para o desafio de desenvolver novas *orientações* éticas não assentadas em fundamentos que excluem e marginalizam. O sujeito queer – pensando e escrevendo da posição de uma identidade fraturada ou *extática* que está em baixo, por trás e diante da ilusão de completude, esta plenamente disponível apenas para alguns poucos em sociedades brancas heteronormativas – ocupa um bom lugar (embora deslocado) para reagir de modo diferente ao Outro, e aos outros, e para oferecer um modelo para o possível posicionamento do sujeito religioso, para os fiéis de crenças sem fundamento.

O estudo de Judith Butler sobre a performatividade – em sua investigação sobre o gênero como característica que não é dada, e sim performada e instável (em sentido não voluntarista) – foi fundamental para o desenvolvimento inicial da teoria queer. No terceiro milênio, em que estamos enfrentando o desafio de nos relacionar com pessoas de diferentes credos, acredito que a obra dela se associa bem à noção de *ágape*, delineada por Žižek, para oferecer o lampejo de uma nova orientação ou atitude ética. Em estudos mais recentes, retornando à análise das investigações hegelianas e pós-hegelianas do si-mesmo e do Outro, Butler (2015) explorou o "extático" como relacionado à limitada autocompreensão do sujeito, e não do Outro, e como condição de uma responsabilidade ética. Para Butler, tendo estabelecido a impossibilidade de um si-mesmo, ou sujeito, que seja completamente transparente a si mesmo devido à relacionalidade constitutiva do seu ser, o "extático" é um recurso, não uma limitação: "Descubro que minha própria formação implica o outro em mim, que minha estranheza para comigo mesma é, paradoxalmente, a fonte de minha conexão ética com os outros" (BUTLER, 2015, p. 112).

A obra de Butler, assim como a de Žižek, é rigorosamente teórica; precisamos da obra de outros acadêmicos identificados com o queer para revelar as possibilidades da investigação extática aplicada. Em "Transformance: Reading the Gospel in Drag", Jeffrey Q. McCune Jr. (2004, p. 152) lembra-se de ter assistido a uma performance drag num bar em Chicago em que a diva Sapphire Blue apresentou uma canção gospel tradicional: "Naquele momento, me senti suspenso num limiar, preso entre minha jornada de vida como cristão e minhas experiências como membro da comunidade gay negra". O ensaio explora a "dissonância interna" de McCune, provocada pelo complexo e contraditório contexto de uma coincidência inesperada entre sagrado e secular, representando a realidade de identidades múltiplas e potencialmente incompatíveis vividas como subjetividade (MCCUNE, 2004, p. 152).

Marcella Althaus-Reid (2003, p. 3), uma das mais importantes teólogas queer, desenvolveu sua "teologia a partir de outros contextos" precisamente para abordar o que ela nomeou "o chamado" na vida de dissidentes sexuais que "vão a bares gays com um rosário no bolso" ou "transformam sua sala [ou escritório?] em capelas *camp*". Althaus-Reid argumenta que "é preciso facilitar que Deus saia do armário por um processo de queerização teológica" (p. 2), por meio do questionamento cauteloso do pensamento heterossexual e heterossexista que moldou nossa compreensão da hermenêutica e da teologia cristã. Em sua investigação sobre o que chama de "o Outro lado de Deus", ela incorpora o divino ao terreno dos excluídos e marginalizados, desenvolve estratégias hermenêuticas e teológicas queer e investiga a noção de "santidade queer" que abrange a vida das pessoas de comunidades bissexuais da América do Sul, assim como, em uma provocação intencional, um Deus que "saiu do armário" (p. 4).

Na obra contextual de McCune (2004) e Althaus-Reid (2003), contesta-se tanto as compreensões fundacionistas da identidade e da crença como as estruturas hierárquicas das organizações religiosas, o que sugere possibilidades de uma análise variada dentro do religioso e sobre o religioso. Embora as investigações teóricas queer do religioso não apresentem um manifesto global para um modo ético de viver com o Outro em termos religiosos ou sexuais, elas recolocam questões sobre como vivemos de modo diferente, questões que o racionalismo ressurgente e o fundacionalismo haviam dado como encerradas.

Se as atuais ampliações filosóficas e teológicas da filosofia pós-estruturalista e pós-liberal podem ajudar a evitar que o pensamento e a argumentação pós-secular se afoguem novamente nos fundamentos, sejam religiosos ou seculares, então a teoria queer pode testar o limite de discursos religiosos que têm apoiado repressões e perseguições, e pode ajudar a desenvolver posições de resistência contingentes e extáticas. Juntas, como *ágape* e êxtase, elas têm o potencial de nos ajudar a desenvolver formas de pensar sobre a fé e os fiéis, de conviver com eles e de nos voltar para eles em nossa condição pós-moderna.

Referências

AGAMBEN, Giorgio. *Homo sacer: o poder soberano e a vida nua.* Tradução de Henrique Burigo. Belo Horizonte: Ed. UFMG, 2002.

AHMED, Sara. *Queer Phenomenology: Orientations, Objects, Others.* Durham: Duke University Press, 2006.

ALTHAUS-REID, Marcella. *The Queer God.* Londres: Routledge, 2003.

BADIOU, Alain. *São Paulo: a fundação do universalismo.* Tradução de Wanda Caldeira Brant. São Paulo: Boitempo, 2009.

BATAILLE, Georges. *Vision of Excess: Selected Writings 1927-1939.* Tradução para o inglês de Allan Stokel, Carl R. Lovitt e Donald M. Leslie Jr. Minneapolis: University of Minnesota Press, 1985.

BRAIDOTTI, Rosi. In Spite of the Times: The Postsecular Turn in Feminism. *Theory, Culture & Society*, n. 25, v. 1, 2008. Disponível em: <http://journals.sagepub.com/doi/pdf/10.1177/0263276408095542>. Acesso em: 04 maio 2017.

BUTLER, Judith. Problemas de gênero: *feminismo e subversão da identidade*. Tradução de Renato Aguiar. Rio de Janeiro: Civilização Brasileira, 2014.

BUTLER, Judith. Precarious Life: The Powers of Mourning and Violence. Londres: Verso, 2004.

BUTLER, Judith. *Relatar a si mesmo: crítica da violência ética*. Tradução de Rogério Bettoni. Belo Horizonte: Autêntica, 2015.

CROCKETT, Clayton. The Plasticity of Continental Philosophy of Religion. In: SMITH, Anthony Paul; WHISTLER, Daniel (Orgs.). *After the Postsecular and the Postmodern: New Essays in Continental Philosophy of Religion*. Newcastle: Cambridge Scholars, 2010.

DABASHI, Hamid. *Post-Orientalism: Knowledge and Power in Time of Terror*. Nova York: Transaction Publishers, 2008.

DAWKINS, Richard. Deus, um delírio. Tradução de Fernanda Ravagnani. São Paulo: Companhia das Letras, 2007.

DENNETT, Daniel Clement. Breaking the Spell: Religion as a Natural Phenomenon. Nova York: Viking, 2006.

DERRIDA, Jacques. *Força de lei*. Tradução de Leyla Perrone-Moisés. São Paulo: Martins Fontes, 2007.

DERRIDA, Jacques; VATTIMO, Gianni (Orgs.). *Religion*. Stanford: Stanford University Press, 1996.

EAGLETON, Terry. *O debate sobre Deus:* razão, fé e revolução. Tradução de Regina Lyra. Rio de Janeiro: Nova Fronteira, 2011.

FRASER, Giles. *Christianity with Attitude*. Norwich: Canterbury Press, 2007.

HABERMAS, Jürgen. *Faith and Knowledge*. Peace Prize of the German Book Trade 2001. Disponível em: <http://www.friedenspreis-des-deutschen-buchhandels.de/sixcms/media.php/1290/2001%20Acceptance%20Speech%20Juergen%20Habermas.pdf>. Acesso em: 04 maio 2017.

HARRIS, Sam. *The End of Faith: Religion, Terror, and the Future of Reason*. Nova York: Norton, 2004.

HITCHENS, Christopher. Deus não é grande: *como a religião envenena tudo*. Tradução de George Schlesinger. São Paulo: Globo Livros, 2016.

HUNT, Stephen. *Religion and Everyday Life*. Londres: Routledge, 2005.

JANICAULD, Dominique; COURTINE, Jean-Francis. *Phenomenology and the Theological Turn*. Nova York: Fordham University Press, 2001.

JORDAN, Mark D. Religion Trouble. *GLQ: A Journal of Lesbian and Gay Studies*, Durham, v. 13, n. 4, 2007, p. 563-575. Disponível em: <https://muse.jhu.edu/article/221868>. Acesso em: 04 maio 2017.

LOUGHLIN, Gerard. Erotics: God's Sex. In: MILBANK, John; PICKSTOCK, Catherine; WARD, Graham (Orgs.). *Radical Orthodoxy: A New Theology*. Londres: Routledge, 1999.

LYOTARD, Jean-François. *A condição pós-moderna*. Tradução de Ricardo Corrêa Barbosa. Rio de Janeiro: José Olympio, 1986.

MAITLAND, Sara. *A Big-Enough God: Artful Theology*. Londres: Mowbray, 1995.

MCCUNE, Jeffrey Q. Jr. Transformation: Reading the Gospel in Drag. *Journal of Homosexuality*, v. 3/4, n. 46, 2004. Disponível em: <http://www.tandfonline.com/doi/pdf/10.1300/J082v46n03_09>. Acesso em: 04 maio 2017.

MCGRATH, Alister. Sound and Fury of the New Atheists. *The Times*, Londres, 23 abr. 2011.

MCLENNAN. Gregor. The Postsecular Turn. *Theory, Culture & Society*, v. 3, n. 27, p. 3-20, 2010. Disponível em: <http://journals.sagepub.com/doi/abs/10.1177/0263276410372239>. Acesso em: 04 maio 2017.

MILBANK, John; PICKSTOCK, Catherine; WARD, Graham (Orgs.). *Radical Orthodoxy: A New Theology*. Londres: Routledge, 1999.

PHILPOTT, Daniel. The Challenge of September 11 to Secularism in International Relations. *World Politics*, v. 1, n. 55, p. 66-95, out. 2002. Disponível em: <https://www.jstor.org/

stable/25054210?seq=1#page_scan_tab_contents>. Acesso em: 04 maio 2017.

RAMADAN, Tariq. *In the Quest for Meaning: Developing a Theory of Pluralism*. Londres: Allen Lane, 2010.

RORTY, Richard; VATTIMO, Gianni. *O futuro da religião: solidariedade, caridade e ironia*. Tradução de Eliana Aguiar e Paulo Ghiraldelli. Rio de Janeiro: Relume Dumará, 2006.

SCHAD, John. *Queer Fish: Christian Unreason from Darwin to Derrida*. Brighton: Sussex Academic Press, 2004.

SEDGWICK, Eve Kosofsky. *Epistemologia do armário*. Tradução de Rogério Bettoni. Belo Horizonte: Autêntica, 2017. No prelo.

SHAKESPEARE, Steven. *Radical Orthodoxy: A Critical Introduction*. Londres: SPCK, 2007.

STARK, Rodney; BAINBRIDGE, William Sims. *The Future of Religion: Secularization, Revival, and Cult Formation*. Berkeley: University of California Press, 1985.

WARD, Graham. *True Religion*. Oxford: Blackwell, 2003.

WILCOX, Melissa. Outlaws or In-Laws? Queer Theory, LGBT Studies, and Religious Studies. *Journal of Homosexuality*, v. 1/2, n. 52, 2006. Disponível em: <http://www.tandfonline.com/doi/abs/10.1300/J082v52n01_04>. Acesso em: 04 maio 2017.

WOLF, Gary. The Church of Non Believers. *Wired*, 11 jan. 2006. Disponível em: <https://www.wired.com/2006/11/atheism>. Acesso em: 04 maio 2017.

ŽIŽEK, Slavoj. *The Puppet and the Dwarf: The Perverse Core of Christianity*. Cambridge: MIT, 2001.

ŽIŽEK, Slavoj; MILBANK, John. *A monstruosidade de Cristo: paradoxo ou dialética?* Tradução de Rogério Bettoni. São Paulo: Três Estrelas, 2014.

ŽIŽEK, Slavoj. *O absoluto frágil, ou Por que vale a pena lutar pelo legado cristão?* Tradução de Rogério Bettoni. São Paulo: Boitempo, 2015.

Posfácio

Estranhando Foucault: uma releitura queer de *História da sexualidade I*

Richard Miskolci[1]

Nas ciências sociais, costuma-se afirmar que a sexualidade foi relegada à esfera dos estudos biológicos ou psi até por volta da década de 1960, quando ela ainda era predominantemente compreendida como algo natural e restrito à intimidade. Desde então, progressivamente, passou-se a reconhecer que a sexualidade envolvia rituais públicos, conflitos sociais e relações de classe. Recentemente, Eva Illouz assim definiu o que é sexualidade:

> Para o não sociólogo, o sexo é o ato pecaminoso ou prazeroso que fazemos na privacidade do nosso quarto. Para o sociólogo, o sexo e a sexualidade são um eixo em torno do qual a ordem social se organiza, um eixo que associa ou separa pessoas em termos específicos e previsíveis. Com quem se tem permissão ou não para fazer sexo; como a sexualidade se conecta com a moral; qual relação existe entre sexo prazeroso e reprodução; quem pode ser pago por sexo e quem não pode; quais são as diferentes transferências monetárias no sexo; e o que é definido como sexo legal e ilegal – essas são apenas algumas das perguntas que os sociólogos fazem sobre a sexualidade. A sexualidade é um assunto central para

---

[1] Professor-associado de Sociologia (UFSCar) e pesquisador do CNPq.

o sociólogo porque é socialmente regulada e porque sua regulação social é escondida da visão – de fato, tornada invisível (ILLOUZ, 2014, [s.p.]).

Tal definição sociológica é herdeira de *História da sexualidade I: a vontade de saber* (doravante *HS I*) e sublinha a regulação social da sexualidade assim como problematiza sua aparente invisibilidade. Mas qual a origem e o percurso da tese foucaultiana até se tornar aceita e definir o que a maioria de nós, sociólogos, compreendemos como sexualidade?

A referida obra se insere no espírito intelectual e político da chamada Revolução Sexual, época em que emergiram discussões sociológicas, filosóficas e antropológicas inovadoras sobre o que hoje compreendemos como sexualidade. No Reino Unido, na França e nos Estados Unidos, com diferentes arsenais intelectuais, pesquisadores começaram a desnaturalizar o sexo e inseri-lo na esfera das relações de poder.

A Revolução Sexual emergiu entre o final da década de 1960 e o início dos anos 1980, período em que boa parte das sociedades ocidentais vivenciou uma inflexão histórica na compreensão da sexualidade, do desejo e das possibilidades relacionais. Nessa época, movimentos feministas se organizaram em torno da demanda do direito à contracepção, à interrupção da gravidez e ao prazer sexual. Nos Estados Unidos, a luta pelos direitos civis dos afro-americanos conseguiu revogar as leis que impediam casamentos inter-raciais. Homossexuais, por sua vez, lutaram pela despatologização da homossexualidade e sua descriminalização.

É nesse período que surgem discussões sobre as regulações do desejo e da sexualidade que colocam em xeque visões arraigadas que as associavam a um único direcionamento ou objetivo. Na Inglaterra, em 1968, a socióloga Mary McIntosh publicou seu artigo "The Homosexual Role", texto que desnaturaliza a homossexualidade. No início da década de 1970, na França, Guy Hocquenghem lançou *Le désir homosexuel*, e Gilles Deleuze e Félix Guattari, *O Anti-Édipo: capitalismo e esquizofrenia*. O livro de Hocquenghem constitui uma análise política de como a ordem social poderia ser compreendida como uma ordem sexual baseada na recusa e no temor da homossexualidade. A obra de Deleuze e Guattari associa marxismo e psicanálise no intento de superar o familismo da teoria crítica. Nos Estados Unidos, John H. Gagnon e William Simon desenvolveram a teoria sociológica sobre os *scripts* sexuais, e a antropóloga feminista Gayle Rubin criou uma das mais potentes críticas ao heterossexismo da teoria social canônica em seu clássico artigo "O tráfico de mulheres" (1975). Na Inglaterra, Jeffrey Weeks terminava seu livro sobre homossexualidade pela mesma época que Foucault trabalhava na obra aqui em destaque e que seria publicada em 1976.

HS I é resultado de pesquisa histórica original conduzida em meio à preparação de seu curso "Os anormais" (1975) no Collège de France. Pode ser inserida na vertente da teoria crítica ao refutar a tese da repressão que havia marcado o freudo-marxismo de obras como *Eros e civilização*, de Herbert Marcuse, e – de certa maneira – até mesmo *O Anti-Édipo*, de Deleuze e Guattari.

Ao definir a sexualidade como um dispositivo histórico do poder, Foucault faz um movimento duplo: desnaturaliza-a como resultado de relações de poder e identifica o foco no desejo como aquilo que as invisibilizou, permitindo que operassem. Em seus próprios termos, vivemos há um século em uma sociedade "que fala prolixamente de seu próprio silêncio, obstina-se em detalhar o que não diz; denuncia os poderes que exerce e promete libertar-se das leis que a fazem funcionar" (2005, p. 14). Tal seria o paradoxo das abordagens que denunciavam ou propunham superar a "repressão sexual". Diferentemente delas, seu livro afirmava que a sexualidade foi se configurando historicamente como uma regulação coletiva do desejo que – justificada pela religião e baseada nos emergentes saberes científicos – colocou em ação práticas que passaram a perscrutá-lo e definir seus supostos desvios no final do século XIX.

Depreende-se que as formas socialmente aceitáveis da sexualidade foram classificadas como naturais, fato que as colocava fora da história e, portanto, impedia seu questionamento, já que teriam origem na lei divina ou na formação imemorial da cultura. A historicização radical empreendida por Foucault transferia o foco intelectual dos sujeitos de desejo para a biopolítica – portanto, em termos propriamente sociológicos, para a esfera que entrelaçaria o estrutural-normativo e a ação social. Sua crítica à perspectiva do dispositivo da aliança (predominante na antropologia estrutural) e a ênfase em sua articulação com o dispositivo da sexualidade permite reconhecer sua atenção à interferência do Estado na vida sexual.

Como agiria o dispositivo da sexualidade? Ele operaria por meio do desejo, o qual, pelo menos até o século XIX, era compreendido pelo cristianismo como "a carne" (em oposição ao sublime espírito) e cientificamente como instinto (em oposição ao civilizado amor). As interpretações religiosas e científicas mais tradicionais justificavam o controle e a regulação do desejo tendo em vista formas socialmente responsáveis, leia-se voltadas à reprodução dentro de relações estáveis reconhecidas pela religião e pelo Estado, portanto dentro do casamento e visando à formação de famílias.

Foucault reconhece que outras civilizações desenvolveram uma *ars erotica*, assim como pensadores queer do continente americano analisariam formas não seculares de lidar com o desejo. Refiro-me especialmente às reflexões de Néstor Perlongher (2012) sobre o êxtase no uso da *ayahuasca* e também à análise de Pedro Paulo Gomes Pereira (2012) a respeito da relação das travestis com os cultos afro-brasileiros. Perlongher via no êxtase místico um passo além da libertação sexual das décadas anteriores, já que envolvia um sair de si mesmo e do próprio desejo. Pereira, por sua vez, mostra como religiosidades não europeias criam experiências subjetivo-corporais que expõem limites do pensamento analítico ocidental, inclusive o queer euro-norte-americano.

Na visão de Foucault, a psicanálise seria herdeira da tradição judaico-cristã e sua ênfase na repressão sexual teria estendido ao século XX o dispositivo da sexualidade. Portanto, as reflexões sobre a sexualidade em uma perspectiva social que seguiam essa linhagem – de Wilhelm Reich a Herbert Marcuse, ou mesmo de seus contemporâneos franceses na inflexão histórica da Revolução Sexual – mantinham-se enredadas em uma lógica circular.

HS I apresentou uma interpretação alternativa, histórica e social, sobre a sexualidade: uma crítica ao freudo-marxismo da teoria crítica, também à psicanálise e à antropologia estrutural e, de forma indireta, às forças políticas e intelectuais que delineavam o início da Revolução Sexual. A crítica à hipótese repressiva se mantém como um marco, quiçá um verdadeiro ponto de inflexão, nos estudos sociais e históricos até hoje. A crítica à ênfase no dispositivo de aliança com seus supostos tabus, pontos de origem da cultura ou da formação do sujeito desejante tem sido incorporada e desenvolvida em vertentes como a teoria queer.

No que se refere à luta pela libertação sexual que marcou e – sob formas atualizadas envolvendo demandas de reconhecimento e direitos – ainda molda parte dos movimentos feministas e o atual LGBT, no entanto, a perspectiva foucaultiana encontra uma problematização. Passados 40 anos de sua publicação, hoje conseguimos reler *HS I* circunscrevendo seu escopo, sobretudo, à sociedade pré-Revolução Sexual, assim como a analítica do poder de seu autor tem seu alcance explicativo mais bem estendido até a sociedade de massas moldada pelo fordismo. Desde a segunda metade do século XX, a passagem para uma era de consumo fortemente integrada pelos meios de comunicação de massa e com novos atores políticos na sociedade civil trouxe outros elementos para a análise social sobre a sexualidade.

Escrito e publicado em meio à emergência da Revolução Sexual, *HS I* propunha uma alternativa aos estudos até então criados, enfatizando o papel do Estado na regulação da sexualidade justamente no momento em que ele passava a ser contestado por movimentos como os feministas e homossexuais. A *HS I* também identificou criticamente regulações que permitiam mostrar o caráter histórico e situado do modelo familiar reprodutivo, mas sem enfatizar a desigualdade de gênero, tampouco contestando a heterossexualidade como fizeram várias das obras de seus contemporâneos. Em outros termos, produto de seu tempo – como não poderia deixar de ser –, *HS I* traz não apenas as marcas daquele momento cultural efervescente, mas também de suas fontes históricas e, claro, da própria experiência de seu autor, cuja homossexualidade foi vivida predominantemente sob a patologização e a relativa marginalidade.

Assim, não é de se estranhar o foco crítico no sujeito de desejo como – ao mesmo tempo – alvo e meio para a implantação do dispositivo de sexualidade. Quer na interpretação cristã do desejo como pecado, quer na agnóstica da psicanálise como pulsão, estaríamos enredados na problematização do sujeito do desejo, o que nos impediria de encarar a sexualidade como um dispositivo histórico do poder que se desenvolveu associado à formação dos Estados contemporâneos.

HS I mostra que aprendemos a ver no desejo a verdade do sujeito instituindo historicamente uma hermenêutica individualizante e culpabilizadora vinculada a diferentes microdispositivos, os quais, por meio do controle da infância, da definição das perversões e da histerização do corpo feminino, moldaram o ideal reprodutivo do casal heterossexual. Dessa forma, auxiliou-nos a ver a sexualidade como parte fundamental da formação dos Estados nacionais modernos dentro da biopolítica, o governo dos corpos que forjou a sociedade contemporânea.

A abordagem foucaultiana desnaturalizou a sexualidade por meio da priorização do macro-histórico e do estrutural, definindo o desejo como uma das vias do controle e da normalização dos corpos e das subjetividades. Perspectiva importante ao sublinhar os interesses políticos e coletivos envolvidos na delimitação das sexualidades normais, o que não seria possível sem o estabelecimento das periféricas. Foucault, ao associar a sexualidade à biopolítica e, por meio desta, aos interesses dos Estados nacionais, acompanhou historicamente a criação da homossexualidade como periférica, mas não problematizou o caráter heterorreprodutivo das políticas e práticas que mapeou tão criticamente.

O foco macroestrutural foucaultiano foi moldado principalmente a partir do estudo histórico das relações entre saberes e poderes que emergem desde fins do século XVIII, se cristalizam a partir de fins do século XIX e estendem seu domínio até a primeira metade do século XX. Dentro do citado recorte temporal, sua perspectiva sobre a sexualidade como dispositivo histórico do poder vinculado à biopolítica tem alto poder explicativo. Por outro lado, em uma perspectiva queer, é possível afirmar que sua leitura opera uma espécie de esvaziamento dos sujeitos sexuais, os quais parecem produto de relações de poder que os atravessam por meio do desejo, regulados por instâncias coletivas sobre as quais têm pouca interferência.

A recusa do desejo como indelevelmente assujeitador restringe a ação dos sujeitos em um movimento em que a luta política envolveria a recusa da própria sexualidade e a proposta de outra compreensão dela, o que posteriormente – nos volumes finais de *História da sexualidade* – levaria Foucault à substituição do desejo pela problemática dos corpos e prazeres. O fato é que a interpretação foucaultiana abarca um período em que o domínio dos saberes naturalizantes e normalizadores sobre o sexo era maior e menos contestado do que passou a ser desde a década de 1970. De forma sintética, a contribuição de Foucault em sua obra devotada à análise histórico-social da sexualidade exige ponderar seu poder analítico para compreender o terço final do século XX, marcado por transformações políticas e culturais que não fizeram parte de seu escopo analítico.

O mundo pós-Revolução Sexual tem oferecido prova empírica de que é possível desnaturalizar o desejo reconhecendo seu caráter socialmente condicionado sem deixar de explorar seu potencial e efetiva contribuição para resistências e transformações. Se a sexualidade é um dos eixos de diferenciação social frequentemente traduzidos como acesso desigual a direitos, segurança e reconhecimento, também não podemos ignorar que, ao menos desde fins da década de 1960, a sexualidade tornou-se um dos elementos centrais para que alguém seja reconhecido como um membro completo da sociedade.

O fato de que a sexualidade se tornou um espaço para conjecturar sobre a verdade de si e um dos meios para alcançar autonomia deve ser motivo de investigação, o que envolve não ignorar o papel social do desejo na crescente conscientização dos sujeitos sobre seus direitos. O desejo, assim, pode gerar leituras sobre controle ou transformação social, ser lido como o definidor estático de uma verdade sobre si mesmo ou um dos catalizadores contemporâneos de lutas por reconhecimento político. Reconhecimento que coloca em xeque normas legais, institucionais e mesmo convenções culturais que constituíram a cidadania e as nações como uma comunidade imaginada, fundamentalmente, como heterossexual.

Talvez seja melhor evitar o binômio domínio ou controle pela sexualidade, reconhecendo que ela se insere em disputas políticas e culturais sobre o caráter do desejo. Se o discurso conservador o associou historicamente ao incontrolável e ao perigoso, uma resposta liberal não precisa ser a de sua negação e seu apagamento. Reconhecer que somos vistos socialmente e que nos reconhecemos como sujeitos do desejo não equivale a atribuir a-historicidade a ele, mas a inserir o desejo analiticamente nas disputas político-interpretativas sobre o papel da sexualidade. Daí hoje ser possível problematizar a ideia de que os sujeitos de desejo são necessariamente assujeitados em hermenêuticas de si associadas a regimes de verdade do sexo como a carne cristã ou à sexualidade assim como compreendida pelos saberes científicos modernos.

Há linhas analíticas contemporâneas que reconhecem a agência histórica dos sujeitos de desejo. Feministas sublinham que, historicamente, apenas homens foram plenamente reconhecidos como sujeitos do desejo, assim como a vertente queer contestou a pressuposição de um desejo original por pessoas do sexo oposto. Tamsin Spargo explora o *ágape* e o êxtase como associáveis no que denomina de pós-secularismo, enquanto os já mencionados Perlongher e Pereira, no contexto latino-americano, reconheceram formas místico-religiosas não europeias de transmutação do desejo.

Leitores críticos de Foucault incorporaram criativamente a *HS I*, chegando, em nossos dias, a uma perspectiva diversa sobre a sexualidade, unindo seu espírito historiográfico às problemáticas do reconhecimento político atuais indissociáveis dos horizontes do desejo. Herdeiros de sua crítica à hipótese repressiva, no entanto, reconhecem que o desejo está em disputa – assim como o gênero – em dinâmicas contemporâneas que não teriam sido iluminadas sem o contato com essa obra magistral.

Referências

DELEUZE, Gilles; GUATTARI, Félix. *L'Anti-Œdipe: capitalisme et schizophrénie*. Paris: Editions de Minuit, 1972.

FOUCAULT, Michel. *História da Sexualidade. A vontade de saber*. Tradução de Maria Thereza da Costa Albuquerque e J. A. Guilhon Albuquerque. São Paulo: Graal, 2005. v. I.

FOUCAULT, Michel. *Os anormais*. Tradução de Eduardo Brandão. São Paulo: Martins Fontes, 2001.

GAGNON, John H.; SIMON, William. *Sexual Conduct: The Social Sources of Human Sexuality*. Londres: Hutchinson, 1973.

HOCQUENGHEM, Guy. *El deseo homosexual*. Madrid: Melusina, 2009.

ILLOUZ, Eva. *Hard-Core Romance: "Fifty Shades of Grey", Best-Sellers, and Society*. Chicago: University of Chicago Press, 2014. [Edição digital para Kindle, sem paginação].

MCINTOSH, Mary. The Homosexual Role. *Social Problems*, v. 16, n. 2, p. 182-192, 1968. Disponível em: <http://www.jstor.org/stable/800003?seq=1#page_scan_tab_contents>. Acesso em: 04 maio 2017.

PEREIRA, Pedro Paulo Gomes. Queer nos Trópicos. *Contemporânea – Revista de Sociologia da UFSCar,* Departamento e Programa de Pós-Graduação em Sociologia da UFSCar, São Carlos, v.2, n. 2, p. 371-394, jul./dez. 2012.

PERLONGHER, Néstor. Antropologia do Êxtase. *Ecopolítica*, n. 4, 2012. Disponível em: <http://www.pucsp.br/ecopolitica/downloads/perlongher/perlonghe2r.html>. Acesso em: 04 maio 2017.

RUBIN, Gayle. The Traffic in Women: Notes on the "Political Economy" of Sex. In: NICHOLSON, Linda (Org.). The Second Wave: A Reader in Feminist Theory. Nova York: Routledge, 1997. p. 27-62.

WEEKS, Jeffrey. *Coming Out: Homosexual Politics in Britain from the Nineteenth Century to the Present*. Londres: Quartet Books, 1977.

Reprodução do souvenir citado pela autora no ensaio
"*Ágape* e êxtase", um monóculo francês em forma de cruz, esculpido
em osso, contendo imagens da Primeira Guerra Mundial.

Este livro foi composto com tipografia Bembo Std
e impresso em papel Off-White 90 g/m² na Formato Artes Gráficas.